副业赚钱

芙朗 著

台海出版社

图书在版编目（CIP）数据

副业赚钱 / 芙朗著. -- 北京：台海出版社，2024.
12. -- ISBN 978-7-5168-3980-5

Ⅰ. F307.5

中国国家版本馆CIP数据核字第2025NU3575号

副业赚钱

著　　者：芙　朗
责任编辑：徐　玥
封面设计：焱　玖

出版发行：台海出版社	
地　　址：北京市东城区景山东街20号	邮政编码：100009
电　　话：010-64041652（发行，邮购）	
传　　真：010-84045799（总编室）	
网　　址：www.taimeng.org.cn/thcbs/default.htm	
E-mail：thcbs@126.com	

经　销：全国各地新华书店
印　刷：水印书香（唐山）印刷有限公司

本书如有破损、缺页、装订错误，请与本社联系调换

开　本：670毫米 × 950毫米	1/16
字　数：130千字	印　张：11
版　次：2024年12月第1版	印　次：2025年3月第1次印刷
书　号：ISBN 978-7-5168-3980-5	

定　价：49.80元

版权所有　翻印必究

目录 CONTENTS

第一章　副业初探，你为何需要它

何为副业？千万别盲目跳"坑" / 002

我为什么要开启副业 / 006

重启人生，从此刻开始 / 011

第二章　开启副业，需要掌握哪些能力

副业赚钱的关键技能概览 / 018

时间管理能力：充分利用有限的业余时间 / 024

人际交往能力：社交圈其实是座金矿 / 028

语言表达能力：沟通是基石 / 031

执行力：勇于尝试，果断行动 / 035

抗压能力：用良好的心态应对压力和挑战 / 038

第三章　打破认知的局限，抓住开创副业的最佳时机

不赚钱的人分为哪几种　/ 042

是什么阻碍了你赚钱　/ 046

赚钱的本质是什么　/ 053

改变思维，拉开你与他人的差距　/ 058

评估现状，找准你的副业切入点　/ 062

发现身边的副业机会　/ 065

紧跟时代，捕捉新机遇　/ 069

精准定位，找到最适合你的起步时机　/ 073

第四章　如何挑选最适合你的副业

副业在精，而不在多　/ 078

什么是最佳副业　/ 081

MBTI也能帮你找到副业方向　/ 084

打造你的个人副业清单　/ 091

第五章　如何制定你的个人副业路线

保持清醒，避免陷入"用时间换钱"的陷阱　/ 098

主业和副业如何完美平衡　/ 102

钱生钱的核心：提升个人影响力　/ 105

目标结合倒推法，建立副业地图　/ 108

第六章　副业经营之路：挑战与应对策略

经营副业的必经阶段有哪些　/ 116

持续经营副业的路上，总是有这些"拦路虎"　/ 122

提升执行力的"灵丹妙药"　/ 126

筛选适合自己的方法，保持行动　/ 131

第七章　复盘与优化，提升副业成功率

做副业也要进行复盘？　/ 138

何时复盘最有效　/ 141

高效复盘工具与技巧　/ 146

总结与优化，提升副业效率　/ 150

第八章　理财，让副业收入增值

理财，其实也算一种副业　/ 154

我是理财"小白"？试试财富流游戏　/ 158

心中有数，理财从记账做起　/ 161

家庭财富管理金字塔，筑造稳固财务未来　/ 166

第一章

副业初探，你为何需要它

何为副业？
千万别盲目跳"坑"

不知道你发现了没有？最近在上网时，频频能刷到跟副业相关的热搜词条，比如"下班后的年轻人开始搞第二事业""超半数00后群体投身副业经济浪潮""外卖小哥做副业月入5万元"等。在社交媒体平台上，如小红书和抖音，关于副业的讨论如火如荼。无数用户分享着自己的副业经验、成功案例和行业资讯，这些内容不仅激发了更多人的兴趣，也为他们提供了宝贵的参考和启示。据统计，仅在小红书上，"副业"话题的总浏览量就已超过数十亿次，而抖音上相关话题的累计播放量更是惊人，这充分证明了副业话题在大众中具有广泛的影响力和极高的关注度。

这些现象无一不揭示当代社会环境下一个显著趋势：已经有越来越多的人不再满足于早九晚六、按部就班的职业模式，而是积极寻求多元化发展，转而开启身兼数职的生活，以多种身份活跃于社会各个角落。

那么，到底什么是副业呢？或许，我们可以从张伟的经历中找到答案。

张伟是一名普通的上班族，在一家大型企业担任行政助理。每天的工作内容烦琐且重复，尽管他工作努力，但薪水并不高，日子过得紧巴巴的。一次偶然的机会，张伟在朋友圈看到一位朋友的线上手工艺品店经营得风生水起，那些精致的手工饰品，令人眼前一亮。这一下就激发了他的兴趣，因为他从小就对手工制作有着浓厚的兴趣，尤其是木工技艺，更是情有独钟。

于是，他心中萌生了一个念头：何不将这份热爱转化为副业，利用业余时间，在木艺的世界里寻找新的可能？

说干就干，张伟迅速行动起来。他利用周末和晚上的时间，在家里搭建了一个小型的工作室，开始制作一些简单的木工制品。从最初尝试制作简易的手机支架、笔筒，到后来挑战更具设计感的小家具，张伟的木工技艺在实践中日益精进。他还在社交媒体上开设了自己的账号，分享每一次创作的点滴，并逐渐吸引了一群同样热爱手工艺、欣赏他作品的粉丝。

经过一段时间的努力，张伟的手工木艺副业逐渐步入正轨，木艺品在网上特别受欢迎。手工技艺不仅为他带来了稳定且可观的额外收入，极大地缓解了经济压力，更重要的是，还给了他前所未有的成就感。他深深体会到，这份副业不仅仅是增加收入的途径，更是他展现个人才华、追求梦想的舞台。在这个过程中，他重新发现了自己的价值与潜能，生活也因此变得更加丰富多彩。

张伟的故事是许多普通人发展副业的一个缩影。简单来说，副业就是在正式工作之外从事的第二职业或收入来源。既可以是个人兴趣爱好的延伸、技能特长的变现，也可以是捕捉商业机遇的窗口。而副业的形式也是多种多样，可以是兼职工作、创业项目、自由职业、投资理财等。从夜晚的网约车司机到街角的鲜花摊主，从家中键盘轻敲的写手到屏幕前细心修图的设计师，每个人都在以自己的方式，在业余时间的画布上绘制着多彩的生活图景。

有人说：上班已经很累了，当代年轻人为什么还要榨干自己为数不多的业余时间发展副业呢？答案或许就藏在那句古老而智慧的箴言里：“不要把所有的鸡蛋放进一个篮子里。”

大多数人的目的还是以赚钱为主，毕竟在互联网时代，兼职不需要像过去那样到处线下奔波，很多时候借助网络，便能成为一名"数字游民"，赚取一定的收益。同时，副业也可以为我们提供一种备用的收入来源，从而增加经济上的安全感。当然，对于一部分人而言，副业也不仅仅是为了赚钱，更重要的是——它是实现个人梦想、追求自我价值的一种方式。通过副业，我们能够提高自身的技能、延展社交关系，甚至有可能改变自己的人生轨迹。

但需要注意的是，做副业并不是一条轻松的道路，盲目追随潮流往往潜藏着诸多未知的风险与挑战。首先，许多人在追求副业的过程中可能会忽视自身的兴趣与能力，仅凭一时冲动或外界风潮，选择了并不适合自己的副业领域，从而陷入被动；其次，副业需要付出额外的时间和精力，可能会影响到我们的正式工作和生活。再者，副业的收益并不是立竿见影的，需要长期坚持和不断努力才能取得成功。

在这个过程中，部分人利用年轻人的这种"副业焦虑"，炮制出诸如"轻松打字即可兼职""宝妈副业轻松月入过万"等诱人却虚假的宣传，实则暗藏陷阱，最终赚得盆满钵满的也只是那些售卖课程的老师，大家交的学费都变成了所谓的"智商税"，被这些副业培训"割了韭菜"。

那么，我们应该如何避免盲目入"坑"呢？其中的关键在于认清副业的本质和目的，慎重选择适合自己的副业项目。

首先，我们需要审视自己的兴趣、技能和经验，找到与自己的特长和喜好相符的副业方向；其次，要有清晰的目标和计划，制定合理的时间表和执行计划，坚持不懈地努力；最后，要保持谨慎的态度，不要被表面的光鲜所迷惑，要理性思考、量力而行。只有这样，我们才能在副业之路上稳健前行，实现个人价值与梦想的双重丰收。

我为什么要开启副业

正如上文所言,"副业刚需"如今已经成了一个新的流行词,广泛渗透于社会各个角落。人们普遍抱有一种共识:"无论职业如何,都应备好个人发展的Plan B(B计划)。"这种观念在网络的催化下,往往演变成一股不容忽视的焦虑情绪,让许多人觉得若不在业余时间追求副业来增加收入,就是虚度光阴,甚至担忧自己因此落后于时代的步伐。

其实我们大可不必跟别人进行比较,毕竟每个人的人生都大不相同,他人的成功路径并不总是适合自己。在踏入副业领域之前,我们应当静下心来认真思考:我到底想要从副业中获得什么?仅仅是为了增加收入吗?这个问题的答案,其实关乎着我们未来的人生方向,因为副业的意义远不止于此。它不仅仅是一个赚钱的工具,更是一个提升自我、实现人生价值的重要途径。

在我看来,我们做副业的目的和意义无非是以下四种:

第一，应对经济风险，顺应未来发展趋势。

现代社会经济环境充满了不确定性，工作稳定性也日益降低。无论是全球经济动荡、行业衰退，还是公司内部频繁调整，失业或收入减少的风险始终存在。在这样的背景下，副业作为一种灵活且可靠的收入来源，犹如一把坚实的盾牌，有效减轻了主业不稳定性所带来的经济负担，为个人及家庭构筑起一道坚实的经济安全网。

并且，随着社会的发展，单一职业模式逐渐被多样化职业模式所取代。越来越多的人选择多元化的职业路径，通过主业和副业的结合，探索更加广阔的职业版图与成长空间。

此外，个体经济的崛起，更是为副业的发展提供了肥沃的土壤。这种新型经济模式鼓励个体通过多样化的方式获取收入，打破了传统雇用关系的束缚，赋予了人们前所未有的自由与选择权。副业作为个体经济的重要组成部分，不仅为个体提供了灵活的工作时间与内容安排，更激发了人们追求自我实现与兴趣导向的无限可能，让每个人都能在时代的浪潮中，找到属于自己的独特位置。

第二，培养技能爱好，实现个人价值。

哲学家尼采曾说过："每一个不曾起舞的日子，都是对生命的辜负。"我们的主业往往受限于特定的行业和岗位需求，难以全面满足个人兴趣和爱好的发展。但是通过副业，我们可以自由选择在自己感兴趣的领域发光发热。

> 著名作家当年明月就是个很好的例子。他本身是学法律专业的，毕业后考上了公务员，现任上海市人民政府研究室副主任一职。看似跟作家、历史两个词毫不沾边的他，却利用业余时间写出了《明朝那些事儿》这部书，他用生动幽默的笔法，把明朝的故事和人物讲得活灵活现，让人看得津津有味，不知不觉就爱上了历史。这部书出版后的短短五年内，销量就突破了千万册，堪称跨界成功的典范。

副业带来的不仅是经济上的收益，还有巨大的心理满足感。在这个快节奏、高压力的现代职场中，不少人难免会在主业中遭遇瓶颈，感受到一种难以言喻的压抑与无助，而副业，就像是生活中的一抹亮光，为我们提供了一个自由呼吸的空间，成为我们释放压力的渠道。通过从事自己热爱的事情，我们能够获得心理上的满足和放松。并且，我们在副业中取得的成就感会像一股强大的动力，推动我们不断前行。它不仅会极大地提升我们的自信心，让我们相信自己有能力在多个领域发光发热，更会在无形中增强我们对生活的掌控感和积极性，让我们以更加饱满的热情和更加坚定的步伐，去迎接每一个挑战和机遇。

第三，拓展社交关系。

通过副业，我们可以建立起跨行业、跨领域的社交网络，这些关系不仅可以为我们的副业带来更多的机会和资源，还可以在我们需要帮助时提供支持和建议。在这个过程中，每一次与不同背景、不同经验人士的相遇，都是一次自我提升和成长的契机。

我们能够汲取来自四面八方的知识与见解，从而不断丰富自己的视野，提升个人的综合素质。尤其是对于那些想要创业的人，可以通过副业来结识更多的专业人士，为自己的创业项目带来一些合作伙伴和投资机会。

第四，丰富生活体验。

副业不仅可以为我们带来经济收益，还能丰富我们的生活体验，提升生活品质。通过副业，我们可以尝试不同的生活方式，体验不同的职业角色，增加生活的趣味和充实感。

> 网络上的一位博主池早是我，曾经发起"体验100种职业"的挑战，每天拍摄自己体验不同工作的视频，吸引了超过288万的粉丝的关注，其视频作品累计获赞超过3000万。我们通过观看她的视频，也了解到很多之前不了解的行业，激发了我们对未知世界的好奇心与探索欲。

通过做副业，我们得以拓展自己的兴趣圈子，增加生活的乐趣和充实感，拓宽生命的广度。"生活不止眼前的苟且，还有诗和远方。"副业，正是那条通往"诗与远方"的桥梁，让我们在忙碌的主业之余，找到了心灵的栖息地与生活的平衡点，让我们在忙碌的工作之外找到一种平衡，享受生活的多样性和丰富性。通过副业，我们可以更好地管理自己的时间和精力，实现工作与生活的平衡，提高生活的满意度和幸福感。

总而言之，发展副业不仅是应对经济压力的有效手段，更是实现个人价值、拓展社交、提升技能、获得心理满足的重要途径。副业为我们提供了一个全新的视角，去探索和实现更多的可能性。它不仅让我们赚到了钱，还让我们更好地认识自己，发现自己的潜力，找到人生的意义和方向。因此，不妨从此刻开始，重新审视自己的生活和职业状态，制订详尽的计划，设定明确的目标，用坚定的信念和不懈的努力，去开启属于自己的、充满无限可能的副业之旅。在这条路上，我们将收获的不仅仅是物质上的丰盈，更是精神上的富足与人生的圆满。

重启人生，从此刻开始

最新权威数据显示，青年在就业市场上面临着较大的压力和挑战。不仅是年轻人，中年人在职场上面临着更大的压力。在许多行业和职位中，"35岁魔咒"现象依然存在，近几年甚至有向30岁蔓延的趋势，让众多职场人士在生活的重压下喘息不已。

因此，在生活的重重压力下，很多人并没有不顾一切"裸辞"的勇气，就算真的能从头再来，往往也在迷茫中徘徊，难以迅速定位新的职业方向。在这种状况下，做副业就是我们重启人生的一次机会，这意味着我们可以借着这个机会，从头审视自己的生活状态，找到那些需要改变和提升的方面，并且付诸行动。

并且，由于我们还有主业在托底，那么副业的试错成本几乎被无限降低了，我们随时可以从头再来，或者更换适合自己的赛道。

李明的经历就是个很好的例子。他本科毕业于985高校，学的是计算机类的专业。毕业后，李明顺利地进入一家知名科技公司，成为一名程序员，拥有着稳定的高薪和光明的职业前景。

　　但随着时间的推移，李明逐渐感觉到工作带来的疲惫和压力。日复一日地加班和高强度的工作环境，让他对生活和工作的热情渐渐消退。他开始思考，这样的生活是否真的是他想要的？后来，在一次公司组织的团建活动中，李明认识了一位自由职业摄影师，在交谈中，李明了解到这位摄影师原本也是一名程序员，但通过发展摄影副业，最终实现了职业转型，找到了更适合自己的生活方式。于是，李明也萌生了发展副业的想法。

　　他一直对音乐有着浓厚的兴趣，大学时期还曾组过乐队。因此，李明决定利用工作之外的时间，重新拾起音乐梦想。他购置了一些音乐制作设备，开始学习和制作电子音乐，并尝试在社交媒体平台上分享自己的作品。

　　起初，他只是将音乐制作作为一种爱好，用来减轻工作压力。然而，随着作品的发布和分享，他渐渐积累了一些粉丝和听众。他的音乐风格独特，受到了不少电子音乐爱好者的关注。越来越多的人开始订阅他的频道，并愿意为他的新作品付费。这份意外的收获，不仅让李明感受到了前所未有的成就感，也让他看到了副业发展的无限可能。他开始更加系统地学习音乐制作，不断提升自己的专业水平。经过一年的努力，这份副业的收入也变得稳定起来。最终，李明做出了一个重要决定：辞去压力大的程序员工作，专注于自己的音乐事业。

> 辞职后的李明，虽然失去了程序员的高薪，但他找到了内心的平静。他全身心投入到音乐创作中，不仅开设了自己的音乐工作室，还发布了一些个人专辑，受到了业界的好评。

通过这份副业，李明不仅找到了生活的激情和方向，还实现了自我价值，实现了职业和生活的双重转型。李明的故事告诉我们，只要勇于尝试并坚持不懈，每个人都有机会通过副业自我重生。

那么，接下来我们需要做些什么呢？

1. 定义新的人生目标

有句话说得好："如果你不知道自己要到哪里，那么你就永远无法到达任何地方。"这句话深刻地诠释了人生目标的重要性。重启人生的第一步，就要重新定义自己的人生目标和追求，明确自己想要的是什么，以及如何实现这些目标。如果你是正在考虑做副业的新人，别急着定那些看起来很厉害但不切实际的大目标。你可以从简单实在的小目标开始。比如，如果你想做手工艺品副业，就可以设定一个"20天学会编织一条简单的围巾"的小目标；如果你擅长做菜，可以先准备一些特色小吃给亲友，并收集反馈。这些小目标听起来不那么"高大上"，但它们的妙处在于贴近生活，让你容易开始行动。

为什么这么说呢？因为这些小目标能帮你快速找到方向，不用等太久就能迈出第一步。那些大目标听起来很吸引人，但往往让人觉得遥不可及，不知道该从何下手。而小目标就不同了，它们让你觉得"这个我可以做到"，于是你就真的去做了。这样一步步地，你会发现自己离那个原本觉得遥不可及的大目标越来越近了。

2. 制订计划并坚决执行

一旦目标确定下来，我们就需要开始制订计划了。阿兰·拉金曾经说过："通过计划把未来变成现在，你就可以未雨绸缪。"这也说明了计划的必要性。不过"光说不练是假把式"，在做副业的路上可不能只做一名空想家。很多怎么做副业的干货视频你是不是放进收藏夹后就再也没有打开过？现在翻出来看看，有些很可能已经过了当初的风口，收益大不如前。

因此你需要有一定的计划，以确保一切都在有序进行当中，但是这个计划可以不必太过于详细，一方面是避免自己把所有的冲劲儿都用在了做计划上，到了具体执行时，已经没有力气了；另一方面也是给自己留出一定的修改余地，毕竟很多时候市场瞬息万变，计划永远赶不上变化快。

3. 保持持续学习，努力成长

有句名言说："活到老，学到老。"在尝试副业的时候，我们也应当如此。现代社会的科技发展日新月异，而学习也可以帮助我们在做副业的路上走一些捷径，让我们在副业的道路上走得更顺畅。比如，很多人做自媒体时，写文案特别头疼，想半天也写不出多少东西。但现在我们可以利用AI工具，它们能帮我们整理思路，生成整体的思路框架，工作效率完全可以提升几倍。

　　想要通过做副业来重启人生，是一个充满挑战和机遇的过程。在这个过程中，我们可能会遇到各种挑战和困难。有句话说得特别好："勇气不是没有恐惧，而是克服了恐惧，继续前行。"只有坚定信心，勇敢前行，我们才能克服一切困难，实现自己的梦想和追求。现在，这个机会就在眼前，请努力吧，就从此刻开始！

第二章

开启副业，需要掌握哪些能力

副业赚钱的
关键技能概览

读完了前面的内容，你可能已经跃跃欲试，想要开启自己的副业之旅了。但千万别被网上大把的"零门槛副业""小白也能轻松入手"的口号"洗脑"了，做副业其实还真的是一件有门槛的事情。

门槛在哪里呢？首先，你的时间和精力就是最大的制约因素。许多人原本的工作和生活就已经占用了大部分时间，所以能够投入到副业的时间非常有限。并且人和人的精力值也不同，那些创业成功的人，无一不是精力旺盛的人，他们天生就比别人有着更少的睡眠时间，也更容易专注在某件事上。

此外，资金、知识和经验，这三样要是缺了，副业之路也会坎坷不少。副业往往会涉及多种技能的综合运用，仅仅依靠某一方面的专长，往往难以应对副业中的各种挑战。比如一名程序员可能在编程方面非常出色，但如果缺乏市场营销和客户沟通的能力，那软件再好也可能卖不出去。

因此，不是所有人都能够成功开启副业，这也需要我们具备一些关键性的技能。那么发展副业必备的能力到底有哪些呢？我们可以结合小王的例子一起分析：

1. 时间管理能力

> 小王是一名会计，但他对摄影有着浓厚的兴趣。为了实现自己的摄影梦，他决定在业余时间发展摄影副业。小王的主业工作时间固定，每天需要花费8小时在公司。因此，他的摄影副业只能在工作之余进行。为了确保主业和副业两不耽误，他需要合理安排自己的时间。
>
> 小王每天早上5点起床，用1小时进行摄影技巧的学习和练习。上班途中，他利用乘车的时间在手机上观看摄影教程。下班后，他会预留2小时进行实际拍摄和编辑照片。周末则用一整天的时间接一些小型活动或者人像摄影订单。
>
> 通过制定详细的日程表和严格遵守计划，小王高效地利用了碎片时间和业余时间。他不仅在主业上保持了高效工作，还在摄影副业上取得了显著进步。合理的时间管理让他在短时间内快速提升了摄影技能，并积累了大量客户。

时间管理能力是发展副业的基础。副业通常需要在主业之余进行，因此合理安排时间至关重要。将每一天的时间科学分割，为主业与副业分别预留出足够的工作时段。制订计划后，重要的是要持之以恒地执行，确保每一个时间段都能得到充分利用，避免拖延和浪费。

　　此外,我们还应当善于捕捉并利用那些看似微不足道的碎片时间。在等车、排队或是午休的短暂间隙,我们可以选择阅读、学习、思考或是处理一些简单的副业任务,这样不仅能够充实我们的日常生活,还能在无形中提升我们的工作效率。

2. 人际交往能力

　　摄影是一项需要与人频繁互动的工作,从客户预约到拍摄再到售后,每个环节都需要良好的沟通和协调。

　　小王主动参加了一些本地的摄影俱乐部,结识了很多同行和潜在客户。他与每一位客户都保持良好的关系,认真倾听他们的需求,并给予专业的建议。在拍摄过程中,他善于与客户互动,营造轻松的氛围,确保客户能够展现最自然的一面。

　　通过积极地参加社交活动和提供优质的客户服务,小王建立了稳固的客源。他的客户经常会推荐新的客户给他,这不仅帮助他扩展了业务,还提高了他的知名度。

　　人际交往和沟通能力是发展副业的重要技能之一。良好的人际交往能力有助于建立信任、解决问题,可以帮助我们建立稳固的客源,获得更多的商业机会和发展空间。

3. 语言表达能力

> 摄影不仅需要技术，还需要推广和营销。小王需要通过各种渠道宣传自己的摄影服务，吸引更多客户。
>
> 小王开设了个人账号，定期发布自己的作品。同时，他也会通过视频平台分享一些拍摄技巧和幕后故事，他的视频风格生动有趣，通过清晰的语言和引人入胜的叙述方式，吸引了大批粉丝。小王在社交平台上也和粉丝互动，回答他们的问题，听取他们的建议。这些粉丝不仅成为他的潜在客户，还为他带来了更多的关注和机会。

有人说："语言是人类最强大的工具。"没错，语言表达能力是副业中与他人沟通、推广和营销的关键。无论是面对面的交流，还是通过文字或视频进行宣传，清晰、有说服力的表达更能够有效传达信息，吸引潜在客户和合作伙伴。

4. 执行力

> 发展副业需要强大的执行力，从计划到行动，每一步都必须落到实处。小王制订了详细的摄影学习和业务拓展计划，并严格按照计划执行。无论遇到什么困难，他都坚持每天学习和练习。同时，他积极寻找拍摄机会，无论是朋友的婚礼、公司的活动，还是本地的展览，他都毫不犹豫地接下订单。

凭借强大的执行力，小王在短时间内积累了丰富的实战经验，并迅速提升了摄影水平。他的摄影副业逐渐走上正轨，收入也稳定增长。

发展副业最需要具备的就是执行力，这是将计划变为现实的关键能力。副业成功的关键在于有效地执行，而不仅仅是好的创意和计划。那些执行力强的人，往往能够在制订计划后迅速采取行动。

5. 抗压能力

在副业发展的过程中，小王也面临了不少挑战和压力。如初期客户很少、技术提升遇到瓶颈等。每当遇到困难时，小王总是能够冷静分析问题，并找到解决方案。他不断调整自己的宣传策略，寻找新的学习资源，提升自己的技术水平。同时，他也学会了在压力中寻找平衡，通过运动和休闲活动释放压力，保持良好的心态。

良好的抗压能力帮助小王在面对困难时不轻言放弃。他不断调整和改进方法，最终克服了各种挑战，取得了摄影副业上的成功。

良好的抗压能力是坚持和持续努力的重要保障，毕竟在副业的发展过程中充满了各种挑战和不确定性。良好的抗压能力可以助力我们在遭遇困难和挫折时，仍然维持冷静且坚韧不拔的状态。不断调整策略，持续前行，最终达成目标。

副业的发展不仅需要激情和创意，更需要多种关键技能的综合运用。比如时间管理能力、人际交往能力、语言表达能力、执行力和抗压能力等，这些技能缺一不可，它们相互补充，共同作用，为副业发展提供了坚实的保障。

接下来，我将详细介绍这几个关键的副业技能，以便更好地了解和掌握它们。

时间管理能力：充分利用有限的业余时间

时间管理能力是指个体在既定时间内，通过合理地规划和安排，实现工作和生活目标的能力。它包括制订计划、优先排序、分配时间、执行任务和评估结果等方面。有效的时间管理能够帮助我们在纷繁复杂的任务中保持清晰的头脑，从而提高工作效率和生活质量。

那么对于做副业来说，这种能力为什么如此重要呢？因为时间永远是有限的资源，每个人的一天只有24个小时。而我们在繁忙的主业工作之余还要发展副业，此时，时间管理能力的作用就凸显出来了，它能够让我们在有限的时间内，科学合理地安排任务，最大限度地提高工作效率，避免时间的浪费和重复劳动。

而且，主副业同时进行可能会使我们承受更大的压力，容易出现时间紧迫和任务繁重的状况。通过高效的时间管理，我们可以提前做好计划，避免最后时刻的匆忙，从而减轻压力，保持工作和生活的平衡。

马克是一名软件工程师，同时也是一位兼职的健身教练。面对繁忙的主业和副业，马克凭借出色的时间管理，成功地实现了事业和生活的平衡。那么他是怎样做的呢？

（1）制订详细计划

马克每天早晨都会花10分钟制订一天的计划。他使用一种名为"时间块"的方法，将一天分成若干个时间段，每个时间段安排具体的任务。例如，早晨7点到8点是锻炼时间，9点到12点是编程时间，下午1点到3点是项目会议时间，晚上6点到8点是健身教学时间。通过详细的计划安排，马克确保每项任务都能得到充分的时间。

（2）优先级的排序

马克深知任务的重要性和紧急性有所不同，因此他会根据任务的优先级来安排时间。每天的计划中，他会先完成那些重要且紧急的任务，然后再处理那些重要但不紧急的任务，最后处理那些紧急但不重要的任务。通过这种优先排序的方法，马克确保自己不会在琐碎的事务上浪费过多的时间。

（3）利用碎片时间

在等待会议开始、乘坐公交地铁或排队的时间里，马克会利用这些碎片时间处理一些小任务。通过高效地利用这些碎片时间，马克能够在不经意间完成许多零散的任务。

（4）学会说"不"

面对繁杂的工作和任务，马克明白自己无法完成所有的事情。因此，他学会了说"不"，对那些不符合自己目标和计划的任务果断拒绝。通过合理的取舍，马克能够将时间和精力集中在最重要的事情上。

（5）定期回顾和调整

每周末，马克会花半小时回顾一周的时间使用情况，评估自己在任务完成和目标实现上的表现。他会分析哪些时间段效率最高，哪些任务耗时较多，然后据此调整下周的计划和安排。通过不断地回顾和调整，马克能够不断优化自己的时间管理策略。

通过马克的案例不难看出，高效管理时间也需要一定的技巧，比如：

1. 制定明确的目标

明确的目标是有效时间管理的基础。只有知道自己要做什么，才能合理安排时间和任务。因此，我们应该为自己的主业和副业设定清晰的短期和长期目标。

2. 使用工具和方法

善用时间管理工具和方法，如待办事项清单、时间块、番茄工作法等。这些工具和方法能够帮助我们更好地规划和安排时间，提高工作效率。

3. 保持专注

在进行任务时,尽量避免干扰,保持专注。可以关闭手机通知、设定专注时间段等方式,确保自己在任务进行过程中不会被打断。

4. 合理休息

工作与休息相结合,才能保持长期的高效。适当的休息不仅能恢复体力和精力,还能提高工作效率和创造力。因此,我们应该在繁忙的工作中,合理安排休息时间。

5. 学会"借力"

对于一些可以交给他人完成的任务,不妨委派出去。这样不仅能够减轻自己的负担,还能提高整体的工作效率。

时间管理能力是副业成功的重要保障。通过有效的时间管理,我们可以在有限的时间内完成更多的目标,平衡主业和副业,提升工作效率和生活质量。马克的案例向我们展示了时间管理的力量和魅力,只要我们掌握了科学的时间管理方法,并不断实践和优化,就能够在副业的道路上走得更加顺利。

人际交往能力：
社交圈其实是座金矿

　　人际交往能力是指个体在与他人互动时所表现出的沟通、协调、合作和建立关系的能力。这种能力不仅包括语言表达和倾听技巧，还涉及情商、同理心以及处理冲突的技巧。有效的人际交往能力能够帮助我们与他人建立良好的信任、理解和合作关系，从而在个人生活和职业发展中取得更大的成功。

　　在副业的发展过程中，这是至关重要的一项技能。它都可以帮助我们做些什么呢？

1. 建立社交网络

　　一个强大的社交网络是成功副业的重要支撑。通过良好的人际交往，我们可以结识更多的潜在客户、合作伙伴和行业专家，从而为副业的发展提供更多的机会和资源。

2. 获取信息和资源

在副业中，及时获取有价值的信息和资源至关重要。良好的人际关系能够帮助我们迅速了解市场动态、获取行业资讯，甚至获得他人的经验和建议，从而避免走弯路，提高成功的概率。

3. 促进合作与协同

副业中，合作与协同往往是成功的关键。通过有效的人际交往，我们可以与他人建立良好的合作关系，共同开发项目、共享资源，实现双赢。

4. 增强信任与信誉

在副业中，信任与信誉是很重要的无形资产，也是成功的关键所在。良好的人际交往能力能够帮助我们赢得他人的信任，树立良好的个人品牌和声誉，从而在竞争中脱颖而出。

> 李娜是一名大厂的市场营销经理，业余之时，她对摄影充满热情，并希望通过这一爱好发展副业，给自己更多的可选择道路。在开始这份副业之前，李娜就意识到人际交往能力的重要性，并积极利用这一能力推动自己的副业发展。
>
> 首先，她在社交媒体上频繁活跃，通过分享自己拍摄的作品，吸引了一大批关注者。她还参加了多个摄影爱好者的线下聚会和展览，结识了一些志同道合的朋友和专业摄影师。通过这些互动，她不仅提升了摄影技术，还逐渐建立了自己的摄影社交网络。

一次偶然的机会，李娜在一个摄影展览上认识了一位知名的婚礼策划师。这位策划师对她的作品非常感兴趣，并邀请她为一场婚礼拍摄照片。李娜抓住这个机会，用心拍摄，并在交付作品后得到了客户的高度评价。通过这次合作，李娜不仅赚取了一笔可观的收入，还获得了更多的推荐机会。

为了进一步扩大自己的影响力，李娜还加入了几个本地的商业网络和摄影协会。在这些平台上，她积极参与活动，分享自己的摄影心得和经验。通过与其他成员的互动，李娜结识了更多的潜在客户和合作伙伴，逐渐树立起自己的专业形象。

如今，李娜的摄影副业已经取得了显著的成就。她不仅在本地市场拥有了一定的知名度，还通过网络平台接到了来自全国各地的旅拍及修图订单。李娜的成功不仅得益于她的摄影技术，更重要的是她出色的人际交往能力。

人际交往能力在副业中扮演着不可或缺的角色。通过有效的沟通和互动，我们可以建立广泛的人脉网络，获取有价值的信息和资源，促进合作与协同发展，增强信任与信誉。在李娜的案例中，我们可以清楚地看到，人际交往能力是如何帮助她摆脱市场营销经理的单一身份，成功发展摄影师副业的。

要想在副业中取得成功，我们需要不断提升自己的人际交往能力，积极拓展和维护人脉网络，用心经营每一段关系。正如那句话所说："一个人能走多远，看的是与谁同行。"通过良好的人际交往，我们可以在副业的道路上走得更远、更稳、更成功。

语言表达能力：沟通是基石

良好的语言表达能力可以帮助我们更清晰地传达信息、解决问题和建立信任。在开启副业的过程中，掌握良好的语言表达能力是极为重要的。它不仅决定了我们与他人沟通的效果，还影响到我们的职业形象和业务拓展能力。

小李是一位售卖女装的柜姐，她在门店里的业绩始终位列第一，工作不到两年的时间就晋升为店长了。对比她和店里其他工作人员的工作状态，我们很容易就能看出她们之间表达能力的差距。

一天，一位老顾客来退衣服，顾客到店的时候显得格外生气，一进门就说要把衣服直接退掉。店里其他的店员连忙出来接待，核验了吊牌日期之后，店员面露难色，表示已经超过7天，无法退货。这时，顾客的情绪已经在爆炸的边缘了，店员还是跟顾客不断讲解店里的规定，顾客直接愤怒地表示要退掉店里的会员卡和全部余额。

小李看到后马上过来补救。她先是面带笑容跟顾客解释：衣服购买时间确实过了快一个月，按店里的规定是不能退货的，不过客人是老客户，她可以临时使用权限进行特殊申请，随后很有礼貌地询问顾客的退货原因。

在具体沟通后，小李了解到顾客想要退衣服，只是因为衣服不好搭配。于是小李根据顾客的身材及穿衣风格，给她的这件衣服进行了几套搭配推荐。顾客尝试了新的搭配非常满意，不仅不再退款，还把搭配的衣服一并购买下来，满意地离开了。

通过这件事，我们不难看出语言沟通的重要性。其他店员给顾客的回应生硬且刻板，这样只会激化顾客不满的情绪。而小李以顾客为中心，关心顾客的需求和感受。不仅通过与顾客的沟通了解到她的真实需求，还根据顾客的情况给出了专业的建议。最后，成功地改变了顾客的心情，不仅让她打消了退货的念头，还额外购买了其他商品，为店铺增加了销售额。

语言表达能力不仅在服务行业至关重要，在做副业的过程中也是如此。毕竟副业的本质也是与人进行交易，良好的语言表达能力可以帮助我们与客户建立信任和良好的沟通关系。

那么，我们应该如何提升这种能力呢？

1. 多阅读、多写作

阅读优秀的文章和书籍，能够帮助我们积累词汇、提升语感。写作则是锻炼语言表达能力的有效途径，通过不断练习，我们可以提高文字的组织和表达能力。

2. 练习口头表达

积极参加演讲、讨论和辩论等活动，锻炼自己的口头表达能力。可以通过录音或录像的方式，回顾自己的表达，找出需要改进的地方。

3. 注重倾听与反馈

良好的沟通不仅仅是表达，更包括倾听和反馈。在与他人交流时，耐心倾听对方的意见，并及时给予反馈，能够增强沟通效果。

4. 学习沟通技巧

掌握一些基本的沟通技巧，如提问技巧、总结技巧、同理心表达等，能够帮助我们更好地与他人互动，提高表达的效果和质量。

5. 自信和放松

自信和放松是良好表达的基础。通过自我调适和心理建设，保持自信和放松的心态，能够让我们的表达更加自然和流畅。

　　沟通是成功的桥梁，通过以上几种方式的练习，相信我们的语言表达能力能够得到一定的提升。不过，这也需要长期的练习和积累，相信只要我们坚持不懈、不断学习和实践，一定能够在副业中取得更多的突破和成就。

执行力：
勇于尝试，果断行动

执行力是指一个人在面对挑战和目标时，能够勇敢尝试并果断行动的能力。毕竟，拥有明确的目标和计划只是第一步，如果我们没有将之执行下去的能力，再好的计划也只是空谈。因此，执行力是实现目标的关键，能够确保我们一步步迈向成功。

强大的执行力能够帮助我们高效地利用时间和资源，避免拖延和浪费。当遇到困难和挑战时，执行力也能够帮助我们保持坚定的信念和行动力，积极应对并解决问题。并且，高效的执行力还能提升个人的职业形象、增强客户对我们的信任，为我们赢得更多的合作机会和客户支持。

> 齐泽明的主业是IT工程师，得益于主业上对于编程知识的积累，齐泽明也经营着自己的副业——一个在线编程教育平台。凭借强大的执行力，齐泽明在短短两年内将他的副业发展成了一项稳定的收入来源，并成功吸引了大量学员。

那么他是怎样做的呢？

首先，齐泽明在开始副业之前，就设定了明确的目标：在一年内开发出一套系统的编程课程，并吸引1000名学员。他将这个大目标分解成多个小目标，如每月完成一个课程模块，每周发布两篇技术博客等。

为了实现这些目标，齐泽明制订了详细的行动计划。他列出了完成每个目标的具体步骤和时间节点，并借助项目管理工具进行跟踪和管理。每周末，他都会对计划进行回顾和调整，确保所有任务按时完成。当然，在开发课程的过程中，他也遇到了很多技术难题和市场推广问题。但齐泽明没有因此退缩，反而积极寻找解决方案。他参加在线论坛、请教行业专家，甚至报名参加相关培训课程，从而迅速掌握了所需技能。

同时他不断改进课程内容和推广策略，并且坚持每天与学员互动，收集反馈信息，持续优化课程质量。经过不懈的努力，他终于达成了目标，在市场上站稳了脚跟。

开启副业之前提升执行力至关重要，我们可以从以下几个方面努力：

1. 设定SMART目标

SMART目标指的是具体的（Specific）、可测量的（Measurable）、可实现的（Attainable）、相关的（Relevant）和有时限的（Time-bound）目标。设定SMART目标能够帮助我们更清晰地了解自己要做什么、怎么做、何时完成，从而提高执行力。同时，详细的行动计划是执行力的基础。将大目标逐个分解成小步骤，列出每个步骤的具体任务和时间节点，并使用工具进行跟踪和管理，能够帮助我们有条不紊地推进计划。

2. 提高自我管理能力

自我管理能力包括时间管理、情绪管理和资源管理。合理安排时间，保持专注和自律，能够显著提高工作效率。例如制订明确的工作计划、严格按照每天的工作时间和任务完成，以及养成良好的工作习惯。执行力强的人善于立即行动，而不是拖延。我们可以通过设定截止日期、自我激励等方法，克服拖延的习惯。

3. 寻求支持与合作

在执行过程中，寻求他人的支持和反馈，能够帮助我们更好地解决问题并优化计划。与志同道合的人交流、分享经验和建议，能够增强执行力。

执行力是副业成功的关键，它可以将我们的计划转化为实际行动，并取得切实的成果。通过持续不断地付诸实践，我们才能不断提高自己的能力，在副业中取得长远的成功。

抗压能力：用良好的心态应对压力和挑战

抗压能力，顾名思义，是指一个人在面对压力、困难和挑战时，能够保持冷静、稳定的心态，并采取有效措施应对的能力。它不仅仅是心理承受能力，还包括情绪调节、问题解决和自我激励等多个方面。

在追求副业成功的道路上，我们不可避免地会遇到各种压力和挑战。如何在这些压力下保持良好的心态，并且应对自如，是决定我们能否坚持下去并最终取得成功的关键所在。它使我们能够在压力下保持冷静和清晰的思维，做出明智的决策。

小王和小周就是两个典型的例子。小王平时爱好做手工烘焙，工作之余会接一些自制蛋糕的订单。就在今年的情人节前，她遇到了一次订单量激增的情况。

虽然工作特别多，时间又特别紧，但小王仍然保持着冷静和积极的态度。她制订了详细的生产计划，并与供应商合作确保原材料的及时供应。同时，她还找了个临时的工作团队，合理分工，高效协作，确保订单按时完成。小王充分发挥了自己的抗压能力，在高压下保持了良好的心态和极高的工作效率，最终顺利完成了订单，还赢得了客户的赞誉和更多的业务机会。现在她的私房小蛋糕赢得了很好的口碑，副业经营得有声有色。

和小王相反，小周就没这么幸运了，在互联网时代的浪潮下，她也随大流开启了直播卖衣服的副业，一开始也还不错，但到了销售旺季，她就遇到了一连串的挑战和压力。

由于订单激增，出现了供货不够和物流延误的情况，而且，不少买家对衣服质量的评价也出现了褒贬不一的声音。出现了差评之后，她整个人都慌了，面对客户不好的评价，她也不回应，就那么放着不管。这种处理方法让商品的负面评价越来越多，也影响了直播效果，直播里的质疑和骂声越来越多，小周也越来越消沉，陷入负面情绪里出不来。在这种恶性循环里，小周无奈地放弃了这次的副业尝试。

从这两个例子中，我们不难看出：抗压能力是副业成功的重要保障。那么，如何提升自己的抗压能力呢？

首先，我们需要了解自己的压力是从哪里来的。常见的压力来源包括工作压力、时间压力、人际关系压力、经济压力等。知道了压力从哪来，我们可以就有针对性地采取措施应对；其次，积极的心态也很重要，它是抗压能力的重要基础。我们可以多给自己积极的心理暗示，保持乐观的态度，培养感恩之心，这样才能让心理更强大。此外，我们还可以学一些管理压力的技巧，比如时间管理、任务分解、放松训练、冥想等，这些都是常见的压力管理方法；最后，在面对压力时，请千万不要一个人扛。寻求家人、朋友、同事的帮助，他们可以为我们提供情感上的安慰，也能帮助我们更快找到解决问题的方法。

第三章

打破认知的局限，抓住开创副业的最佳时机

不赚钱的人分为哪几种

实际上，并非每个人都能一帆风顺地启动并成功管理副业。为了避开那些不必要的坑，我们首先得清楚地认识到自己的短板所在。很多时候，人们在追求财富的道路上屡屡受挫，正是因为受到了一些根深蒂固的思维方式和行为习惯的束缚。因此，在深入探讨如何成功启动副业之前，我们有必要先了解那些不赚钱的人通常具备的类型和特点，这样我们才能更有针对性地找到适合自己的发展路径，为副业之路找到关键的突破口。

不赚钱的人，一般分为以下几种类型：

1. 想得太多，做得太少

顾名思义，这部分人不是没有想法，而是他们几乎把所有时间花在琢磨各种赚钱的点子上，想东想西，对不确定的东西有很多担心和恐惧。这样的人往往忽略了行动的力量，想法也往往如同空中楼阁，难以转化为实际成果。

小李就是如此。他是个上班族，对时尚和设计有着浓厚的兴趣。多年来，他一直梦想着开设一家属于自己的网店，出售自己设计的服装和饰品。他每天都会在空闲时间浏览各种时尚博客和电商平台，研究市场趋势和成功案例。他甚至为此做了很多笔记，详细记录了市场分析、品牌定位和营销策略。

然而，小李的网店梦一直停留在构思阶段。他害怕创业的风险，担心投入的时间和金钱打了水漂。每当他想要实际行动时，总是被各种不确定性和困难吓倒。结果，小李的网店计划一拖再拖。虽然他有很多创新的想法和详细的计划，但由于缺乏实际行动，他的副业梦始终无法实现。

2. 很努力，但是没有结果

上学的时候我们周围一定有这样的同学，他们看起来每天很努力地学习，但实际上却是"假勤奋"，成绩没有任何提升。这种人在公司里也很常见，比如那些加班成瘾的人，他们早出晚归，却未能换来应有的回报。这种"假勤奋"实则掩盖了工作效率低下、方法不当的问题。这也提醒我们，努力需有方向，方法比努力更重要，否则只能是在错误的道路上越跑越远。

小张在一家互联网公司工作，他每天都早来晚走，常常是办公室最后一个离开的员工。小张相信只要努力工作，加班时间够多，就能被领导看到并获得认可。每个月，他的加班时长总是排名公司前列，但他从来没有被提拔过。

问题在于，小张的工作效率并不高，他把大量时间花在处理一些琐碎的任务上，却没有在关键项目上做出实质性贡献。他的工作方式也没有效率，经常是重复性劳动。虽然小张看起来很努力，但他的努力没有带来预期的成果。他在错误的方向上花费了大量时间和精力，最终既没有得到晋升，也没有获得预期的奖金。

3. 急于求成，想在短期内取得成果

这些人在看到别人赚钱后就会眼红，但是他们又没有足够的耐心和毅力。他们总是想要在短期内获得收益，但没有长远目光，结果就只能是事与愿违，甚至可能掉入骗子的陷阱中。

小赵是一名刚工作不久的应届生，由于家里穷，他对金钱和成功充满渴望。一次偶然的机会，他接触到了网络风险投资，看到有人在短时间内赚了大钱后，他也开始心动，认为自己也可以通过这种方式快速致富，于是开始频繁地参与投资。

起初，小赵确实赢了一些钱，这让他更加坚信自己找到了致富的捷径。然而，随着时间的推移，他逐渐发现，赢钱的次数越来越少，输钱的次数越来越多。他开始不断加大投入，试图挽回损失，结果却陷入了更大的困境。最终，他不仅没能实现财富梦，还欠下了大量债务。小赵的这种短期投机心态和急于求成

> 的行为不仅没有带来财务自由，反而让他陷入了更严重的经济危机。

在这个信息爆炸的时代里，每个人都可以轻易地获取到很多信息和知识，但也会因为信息太多而失去辨别和选择的能力。一旦失去了辨别力，生活和工作就会陷入被动，所以每个人都需要不断地提升自己的认知，改变自己的思维方式。

总之，我们需要认识到实际行动的重要性，学会合理规划时间和精力，摆脱低效勤奋的陷阱，摒弃急功近利的心态，以长远的眼光规划未来。只有这样，我们才能在副业的道路上稳步前行，迈向财务自由。

是什么阻碍了你赚钱

你是否曾经感叹，在赚钱的路上，自己明明做出了那么多努力，为什么迟迟不见成功的曙光？或许阻碍你的不是别人，而是自己的短板。那么这些阻碍自己成功的短板究竟是什么呢？

1. 缺乏技能和知识

想要在特定领域或行业中赚钱，通常需要具备相关的技能和知识。如果一个人缺乏必要的技能，比如专业技术、市场销售能力、管理能力等，那么他就很容易在赚钱的道路上遭遇阻碍。

> 王艾林是一名普通的办公室职员，他有个梦想：想利用业余时间开发软件产品，并通过销售软件赚取额外收入。但他很快遇到了难题——编程对他来说太难了，虽然他满脑子都是好点子，可就是无从下手。

> 王艾林没有放弃，他决定从头开始学。他报名了网上的编程课，从最基础的编程语言学起，还找了一堆实际的小项目来练手。不仅如此，他还参加了编程培训班，跟老师和其他学员一起交流，学到了不少真功夫。
>
> 经过一段时间的刻苦学习，王艾林的编程技术突飞猛进，终于开发出了一款超级实用的软件。他把软件放到网上卖，没想到大受欢迎，现在王艾林已经有了稳定的额外收入，梦想也变成了现实。

可见，虽然缺乏技能和知识是阻碍赚钱的重要因素，但通过科学系统地学习和培训，你就可以克服这一障碍。通过不断提升自己的技能水平，你就能在竞争激烈的市场里站得住脚，逐步提高自身的能力，实现赚钱的目标。

2. 市场调研不足

在竞争激烈的行业中，赚钱可能变得更加困难。尤其是在那些已经趋于饱和、竞争激烈的行业中，赚钱的难度更是直线上升。当你踏入这样一片红海，却未能对市场进行充分的调研时，就仿佛航行在未知的海域，缺少精确的航海图和导航仪。而做好调研，就像是给你的创业之路装上了一盏明灯，让你在黑暗中也能找到方向，避免走弯路。

> 李明一直梦想开家咖啡店，他认为在城市中心开一家风格独特的咖啡店，肯定会非常受欢迎。于是，他没有做太多市场调研，就直接借钱租了一间店铺，开始装修和购置设备。然而，咖啡店一开业，李明傻眼了，他发现周围已经有多家知名的咖啡店，大的是连锁的，小的有个性，多得是，竞争可不是一般的激烈。
>
> 由于缺乏优势，李明的咖啡店很难吸引足够的顾客，赚的钱还不够付房租。最终，李明不得不忍痛关闭了咖啡店，还亏了不少钱。

进入任何一个行业前，都得像侦探一样，做足功课——市场调研，需要深入了解这个行业的现状，看看有多少人在做同样的生意，他们做得怎么样，顾客们到底喜欢什么。只有充分了解了竞争情况和市场需求，才能找到自身优势，在激烈的市场竞争中脱颖而出、实现盈利的目标。

3. 缺乏资金或资源

缺乏资金或资源是许多人在尝试开展副业时面临的主要挑战。许多副业在初期都需要一定的资金投入，无论是购买设备、租赁场地，还是进行市场推广。没有足够的资金，这些基础设施和宣传可能都无法到位，从而导致副业从一开始就面临困难。

> 小刚是一名大学生，想在夜市摆摊卖小饰品作为副业赚取生活费。但他很快发现，资金和资源的不足是两大难题。
>
> 资金方面：
>
> 进货资金：购买饰品需要资金，但小刚预算有限，不能大量进货。
>
> 摊位费：夜市摊位需要支付一定的租金，对小刚来说是个不小的开销。
>
> 资源方面：
>
> 货源渠道：小刚缺乏稳定的饰品供货渠道，难以保证货源的稳定性和品质。
>
> 销售经验：作为新手，小刚缺乏销售技巧和经验，不知道如何吸引顾客。

简而言之，小刚的夜市摆摊副业受到资金和货源的限制，以及销售经验的不足，这些都是他需要克服的挑战。

针对小刚的夜市摆摊副业所面临的问题，以下是一些可能的解决方案：

（1）资金问题的解决策略

小额起步：小刚可以先从小额投资开始，逐步积累资金和经验。随着生意的增长，再逐步增加投资。

合作与共享：与其他摊主或朋友合作，共同进货以降低成本，或者共享摊位以减少租金支出。

预售与定制：通过社交媒体或朋友圈进行预售，收取定金后再进货，这样既可以减轻资金压力，又能确保销售的针对性。

（2）资源问题的解决策略

①建立稳定的供货渠道：通过与可靠的供应商建立长期合作关系，确保货源的稳定性和品质。同时，可以多渠道寻找供应商，比较价格和质量，选择最合适的合作伙伴。

②学习销售经验：向有经验的摊主请教，观察他们的销售技巧，甚至可以考虑短期帮工以学习实际操作。此外，通过互联网学习销售技巧，如怎样与顾客沟通、如何展示商品等。

③利用社交媒体：通过微信、微博等社交媒体平台宣传自己的摊位和产品，吸引更多顾客。同时，可以建立客户群体，通过优惠活动、会员制度等方式增加客户黏性。

可见，小刚可以通过小额起步、合作与共享、预售与定制等方式解决资金问题；通过建立稳定供货渠道、学习销售经验和利用社交媒体等方式解决资源问题。这些策略需要根据实际情况灵活调整，以帮助小刚的夜市摆摊副业逐步发展壮大。

总的来说，资金和资源的缺乏会严重阻碍副业的开展和发展。然而，这并不意味着在资金和资源有限的情况下就无法开展副业。通过合理的规划和策略调整，如选择低成本的运营模式、利用现有的资源进行整合、寻求外部的合作与支持等，都可以在有限的条件下推动副业的开展。同时，随着互联网和社交媒体的发展，许多低成本的营销和推广方式也为副业的开展提供了更多的可能性。

4. 错误的经营策略

选择错误的经营策略也可能阻碍赚钱。无论是定价策略、市场推广、产品定位还是供应链管理，都需要正确的决策和执行。当经营策略出现错误时，对成功来说是个致命的打击。

> 刘华开了一家零售商店，销售各种生活用品。为了迅速吸引顾客，他把商品的价格定得非常低，认为这样可以招揽大量客户。然而，实际情况却不尽如人意，虽然客流量增加了，但由于定价过低，刘华的店铺盈利不足，难以维持正常运营。
>
> 意识到问题后，刘华重新调整了定价策略，结合市场情况和成本核算，将商品价格调至合理水平。同时，他加强了市场推广和客户服务，提高了产品的附加值，逐渐吸引了更多的忠实顾客。最终，店铺的盈利能力得到了显著提升，业务逐渐走入正轨。

错误的经营策略会导致赚钱困难。过高的定价可能导致顾客流失，而过低的定价则可能导致盈利不足。此外，管理不善、供应链问题、市场推广不足等也可能导致赚钱困难。除了定价策略外，市场推广、产品定位和供应链管理等也都需要正确的决策和执行。

总之，在副业赚钱的路上，你可能会面临多种因素的重重阻碍。要克服这些障碍，你要先了解它们，然后有针对性地进行"突破"。你需要不断学习和提升自己的技能水平,做好充分的市场调研,合理筹集和利用资金,制定科学合理的经营策略。通过这些方式,你才能排除万难,赚到属于自己的"第一桶金"。

赚钱的本质是什么

说到赚钱,很多人可能觉得就是上班拿工资那么简单。其实,赚钱的门道远不止这些。我们每天上班下班,就像是在"卖时间",但这种方式赚的钱往往很有限,还容易让人陷入"没钱就上班,上班还是没钱"的循环。

那么,赚钱的本质到底是什么呢?就是要让我们的时间更值钱,而且最好是"一份时间,多份收入"。这样,即使我们不再工作,我们的时间还在为自己赚钱,这就是所谓的"睡后收入"。

那么,怎么做才能让时间更值钱呢?这里有几个小窍门:

(1)提升技能,做个"高价"员工:在同样的时间里,如果我们能完成更多、更好的工作,那我们的时间就更值钱。所以,不断学习新技能,提高自己的工作效率和质量,是提升时间单价的好方法。

(2)创造可重复利用的内容:比如写了一本书、录了一门课程或者教学视频、设计了一个受欢迎的产品模板，这些东西可以一直卖下去，我们不需要每次都重新做。这样，我们的时间就被"批发"给了很多人，实现了1∶N的效益。

（3）投入金钱来节省时间：如果有能力，可以雇用别人来帮我们做事，这样我们就能用别人的时间来赚更多的钱。比如开个小店、创办公司，让别人来帮我们经营。

（4）投资理财，让钱生钱：除了投入金钱节省时间，还可以用钱来赚钱。比如投资基金或者房地产，让资产增值。当然，这需要一定的知识和经验，但一旦掌握了，就能让财富雪球越滚越大。

第一个小窍门是大多数上班族通过学习就可以做到的，而第四个的可行性稍低。对于大多数人来说，我们可以参照其中的第二个和第三个方式赚钱。

具体来说，如何利用这两个方式赚钱呢？

1. 创造可重复利用的内容

这就是指我们的"睡后收入"，简单来说，就是想想我们的哪些技能能够给别人带来价值，把这些内容整理下来出售，就能赚到钱。具体可以遵循以下几个步骤：

制作高质量内容：确保内容有价值、专业且吸引人。

产品化：将内容转化为可销售的产品，如电子书、在线课程、模板等。

多渠道推广：利用社交媒体、博客、视频平台等多种渠道宣传你的产品。

持续优化：根据用户反馈和市场变化，不断更新和改进内容。

版权保护：确保原创内容得到保护，防止被非法复制。

合作与联盟：与其他创作者或品牌合作，共同推广和销售产品。

通过这些步骤，我们可以利用一次性的创作努力，实现多次的销售和收益，从而实现时间和收益的双重最大化。

张娜是一位热爱手工编织的宝妈，她在照顾孩子和家庭的同时，也享受着编织带来的乐趣和成就感。张娜擅长用各种线材编织出精美的围巾、帽子、手套等冬季保暖配饰，每次亲朋好友收到她的礼物都赞不绝口。

随着社交媒体的兴起，张娜开始尝试在平台上分享自己的编织过程和成品展示。她发现，很多人对她的编织作品感兴趣，纷纷询问如何学习编织技巧。于是，张娜萌生了一个念头：为何不将自己的编织经验整理成一套教学视频，让更多人能够轻松学会呢？

说干就干，张娜利用晚上孩子睡觉后的时间，开始录制编织教学视频。她从基础的编织针法讲起，逐步深入到各种复杂图案和款式的编织方法。每个视频都力求清晰易懂，让编织新手也能快速上手。

经过几个月的努力，张娜的"温暖编织小屋"系列教学视频终于完成并上传到了视频平台上。这些视频迅速吸引了大量编织爱好者的关注，他们纷纷点赞、收藏并分享给更多人。张娜还建立了一个专属的微信群，方便学员们交流学习心得，解答他们在编织过程中遇到的问题。

随着学员数量的不断增加，张娜意识到自己的教学视频已经成了一种可重复利用的内容。她不需要每次都亲自指导，学员们就可以通过观看视频来学习编织技巧。这样，张娜的时间就被"批发"给了很多人，她能够同时教授成百上千的学员，实现了1∶N的效益。

为了进一步提升学员的学习体验，张娜还设计了一系列配套的编织材料包，并在视频下方提供了购买链接。这些材料包包含了视频中所使用的线材、针具等必要工具，让学员们能够更加方便地开始编织之旅。张娜的编织材料包也受到了学员们的热烈欢迎，为她带来了一定的额外收入。

2. 投入金钱来节省时间

如果我们有能力、有资本，那就可以做老板，雇用别人来帮我们做事，即让别人在同时间内帮我们赚钱。

王强是一名软件开发工程师，为了提高收入，他在业余时间创立了一个个人工作室。随着单量的增多，王强意识到一些重复性、低价值的工作占用了他大量的时间，影响了工作室的发展效率，因此，他决定雇用一些兼职伙伴来完成这些任务。

> 通过招聘网站招募，王强找到了一些合适的伙伴，并将工作室的部分开发任务和日常运营工作分配给他们。这样一来，王强就可以将更多的时间和精力集中在公司的核心业务上了，省下了大量精力后，他专心投入并研发出了更多的新产品，并进行有效的市场拓展，最终赢得了成功。

所以，通过雇用别人，让别人在同时间内帮助我们赚钱，可以显著提高自己的赚钱效率。这种方式适合有一定资本积累的个人或企业，通过雇用员工或外包任务，可以将自己更多的时间用于核心业务或个人提升，进而实现更大的价值。

总之，赚钱的过程与个人的能力、技能、商业模式和系统有关。而这些因素也会影响我们赚钱的效率、收益。理解这些层面，并有效地将它们结合起来，才是提高赚钱能力的关键。通过这样的方式，每个人都可以结合自己的情况，找到最适合自己的赚钱方式。

改变思维，拉开你与他人的差距

《富人是如何思考的》一书的作者史蒂夫·西博尔德花了近30年的时间，采访了世界各地的富豪，试图弄明白是什么让他们能够从普通人中脱颖而出。采访后他惊讶地发现，真正让他们与众不同的，并非单纯的金钱积累，而是其独特的思维方式。

富人和穷人的思维差距，其实是一种不同的心态和态度，包括以下两个方面：

1. 思维方式不同

富人往往富有创造力和创新精神，能够通过不断尝试和探索找到新的商机。他们注重潜力、机遇和未来，而不仅仅是眼前的困难和挑战。他们的思考方式侧重于整体规划，眼光也更长远。而穷人的精力大多放在柴米油盐的精打细算上，往往忽略了很多潜在的机会。

王林是一位成功的企业家，他总是很关注市场的变化，留意更多的商机。一次，他注意到新能源领域的发展潜力，就决定深入研究这个市场。通过多方调查和分析，他发现电动车市场未来发展空间很大。于是，他决定投资一家有潜力的电动车初创公司，并在投资前详细制定了长期规划和风险管理策略。通过系统性规划，王林最终在这个领域获得了丰厚的回报。

而李建华是一位普通的上班族，他也听说了电动车市场的热潮，但他更多的是关注自己每个月的房租、水电费和孩子的学费。他偶尔也会想，如果当初能有点闲钱投资电动车公司该多好，但随即又被眼前的生活压力拉回了现实。他继续着日复一日的工作，精打细算地过着日子，错过了这个可能改变他命运的机会。

这个故事告诉我们，富人与穷人的区别往往在于他们的思维方式。富人更加注重潜力和机遇，勇于尝试和创新；而穷人则更多地关注眼前的困难和挑战，容易忽略潜在的机会。因此，在人生的道路上，我们应该学会像富人那样思考和行动，不断寻找新的商机和发展空间，让自己的人生更加精彩和充实。

2. 风险意识不同

富人通常乐于冒险并采取积极的行动，而穷人往往对风险缺乏足够的认识。富人更愿意尝试新的想法和市场机会，他们理解风险与机遇并存，并愿意承担合理的风险来追求更大的收益。相反，穷人对风险的态度较为保守，缺乏勇气尝试新事物。

当穷人失去工作能力时，他们只能依赖退休金。然而，随着时间的推移，通货膨胀可能会严重侵蚀他们的购买力。例如，20世纪90年代的一块钱可以购买很多东西，但今天的一块钱价值大大缩水。如果一个人靠每月5000块的养老金生活，30年后可能难以维持基本生活，因为生活成本已经大幅上升。

而富人则会建立持续运行的系统，即使他们老了，公司的价值和利润仍然在增长。许多富人会将利润进行再投资，实现"钱生钱"。

总的来说，富人和穷人之间的差异不仅体现在财富的积累上，更体现在思考方式和风险意识上。通过学习富人的思维和习惯，穷人也可以逐步改变自己的生活，实现财务上的独立和成功。我们一定要记住以下几点：

（1）专注于核心业务，不被外围事务干扰。我们只需要做自己擅长的事，不擅长的事一定要外包出去，因为时间成本是昂贵的。

（2）学会养人、用人。我们要学会培养自己在选拔、运用人才方面的能力，而非事事躬亲，力求亲力亲为。

（3）善于借鉴别人的经验教训，少走弯路。毕竟，复制是赚钱最快的方式，学会复制那些有结果的人，这样我们才能更快速地拿到自己想要的结果。

（4）投资自身教育，提升自己的实力。坚持每天学习，保持对行业动态的敏锐洞察力，善于利用科技手段提升效率，保持竞争优势。

（5）保持多元化的收入来源，不把所有鸡蛋放在一个篮子里。注重长期收益，而不是只看眼前的短期利益。

要逐步接近富人的思维模式，关键在于培养一颗积极向上、勇于探索的心，拓宽我们的视野，激发创新思维。同时，不可忽视的是，我们要学会平衡风险与收益，做好长远规划，这样，我们的生活和事业才能像富人一样，越走越宽广。

评估现状，找准你的副业切入点

在决定开启副业之前，全面评估个人现状是至关重要的一步。了解自己的优势、劣势、资源和潜在的机遇，可以帮助你更好地选择适合自己的副业方向，减少盲目投入和不必要的风险。通过系统的评估和分析，你能够找到最具潜力和可行性的副业项目，从而为实现财务自由和提升生活质量奠定坚实的基础。

为了更好地了解自己是否适合涉足副业领域，以及探索适合个人的副业方向，你可以尝试回答下面五个问题来评估一下自己，看自己是否适合做副业，以及适合做什么样的副业？

1. 你目前的主要职业是什么？

例如，李玉林的工作是程序员，他在编程、系统架构和技术解决方案方面有着丰富的经验。基于他的技术背景和经验，李玉林可以考虑以下副业方向：自由职业开发者或在线编程课程导师。

2. 你是否有任何特定的技能或兴趣爱好？

例如，刘晓明的本职工作是一名会计师，但她平时对烘焙有浓厚的兴趣，喜欢制作各种蛋糕和甜点。那么她就可以考虑以下副业方向：私房甜品定制、烘焙工坊或烘焙自媒体达人。

3. 你是否对某些行业或领域有特别的见解？

例如，李佳对电子商务行业有着非常深入的了解，她在过去几年里一直关注线上零售和消费者行为的变化，撰写了多篇关于电商趋势的分析报告。基于这些行业见解和分析能力，李佳可以考虑以下副业方向：电商顾问、电商培训讲师、提供电商数据分析服务等。

4. 你每周可用于副业的时间有多少？

例如，陈立是一名全职教师，平时的工作时间比较固定，每天大约有3小时的空闲时间，每周末则有更多的时间可自由支配。经过评估，陈立发现自己每周可以投入副业的时间大约有15个小时，那么他就可以考虑在业余时间接一些家教的工作；反之，如果没有空闲时间的话，还是不建议陈立现在就开始副业。

5. 你是否有可以投入的资金或者可以利用的人脉？

例如，张莉是一名项目经理，她有一定的积蓄，并且在工作中积累了广泛的资源。她认识很多在不同领域工作的专业人士，包括市场营销、设计、销售等。那么她就可以利用积蓄启动一个小型创业项目，如开设一家咖啡馆或网店，并利用资源进行市场推广和业务合作。她也可以尝试为企业提供一些商业咨询服务，或者与专业人士合作，进行联合投资，分担风险，共享收益。

　　回答完这些问题，相信你的心中已经有答案了。首先，如果你在主业中积累了相当多的资源，如某个领域上较高的技能，某个圈子丰富的资源等，你就完全可以靠这些去做好一份副业。比如自由撰稿人、舞蹈教练、翻译接单、兼职家教等，把副业和主业结合起来了。

　　其次，你要明确自己做这项副业的目的。副业的价值远不止于经济收益，它更应当是你热爱并擅长的事业，这样的双重驱动力将极大地激发你的内在热情和投入意愿，促使你心甘情愿地倾注时间与精力，让副业之路充满动力与激情。

　　最后一步就是确定可行性了。比如，需要掌握的技能是否难度太高？日常的时间是否充足？或者是否需要太多资金投入？这些都会影响副业的开展。需要你提前做好充分的预算和计划。

　　总体而言，选择何种副业要看自身的兴趣、能力和时间。做副业需要耐心和坚持，在初期，不要期望立即获得高收益，而是要通过不断学习和努力，逐步提升自己的能力和影响力。

发现身边的副业机会

除了评估个人的现状以外，洞察周围的需求也是找到适合自己的副业机会的重要步骤之一。在当今快速变化的社会中，人们对各种产品和服务的需求不断发生变化，如果我们能够快速地发现并满足这些需求，就可能将其变为一项专属于自己的、有前景的副业。

那么我们该如何洞察周围的需求呢？

首先，观察并与他人交流是非常重要的。我们需要先仔细地观察身边的人们，观察他们那些在日常生活中遇到的问题，或者没有得到完全满足的需要。

举个例子，比如有朋友可能随口抱怨过："快递员总是不经过同意，就把我的包裹放到快递柜里，有时超时了还要付费才能取回。"又或者自己曾偶然间听闻邻居表示需要一个专业的人，帮助他处理家庭装修的问题。

感受到了吗？副业的机会其实已经悄然降临了。

对于朋友的这个抱怨，我们可以有多种解决思路：比如雇用一个小团队，为大家提供代取服务，做好快递的最后一千米服务；或者是提供一个线上的平台，让收件人得以提前确认快递员是否被允许放入快递柜中；也可以开办一个快递代收点，与多家快递公司建立合作关系，并提供全面的快递代理服务……

机遇往往围绕在我们身边，只需要有一双善于发现需求的眼睛。与身边人经常进行交流和沟通，能够帮助我们深入地了解他们的真实需求。这些人可以包括朋友、家人、同事、邻居等。通过交流，我们就可以了解到他们在工作、生活、娱乐等方面的痛点和需求，并尝试提供对应的服务。

市场调研是另一个重要的方法。进行一场有效的市场调研可以帮助我们了解当前市场的需求和趋势。如今这个网络时代，信息的搜集已经变得容易了许多。我们可以通过互联网搜索、社交媒体提问及沟通、行业报告检索等方式来了解市场上是否存在某种需求，以及该需求是否已经得到了满足。

市场调研可以帮助我们了解目标市场的规模、竞争情况以及潜在的机会。通过分析市场调研数据，我们就可以确定哪些领域存在需求缺口，从而选择适合自己的副业机会了。

此外，分析自身经验和技能也是一个重要的角度。我们需要审视自己的经验和技能，看看是否有可以应用于满足他人需求的方面。

> 例如，如果擅长摄影，就可以考虑开设摄影课程或提供摄影服务；如果精通某种编程语言，就可以为企业或个人开发定制的软件解决方案。利用自身的优势和专长，找到痛点，我们就能将其转化为满足他人需求的副业机会。

最后，关注新兴行业和趋势也是非常重要的。我们必须时刻关注新兴的行业和趋势，因为随着时代的发展，新的需求也会不断涌现出来。了解新兴领域的需求，我们就很有可能找到创造性的副业机会。

> 例如多年以前，随着电子商务的兴起，许多人开始在网络上尝试购买和销售产品，与电子商务相关的副业机会也随之增加，如电商平台运营、产品代理代发等。近几年AI的发展也同样带来了许多新的副业机会，不管是卖素材、卖课程，还是提供AI相关的使用服务，都已经有人赚得盆满钵满了。这些新兴行业通常具有较高的增长潜力和创新性，因此在这些领域开展副业能够带来更多的机会和回报。

总之，寻找副业机会需要耐心和灵活性。在发现周围需求的过程中，我们需要持续观察、深入交流、进行市场调研，并通过分析自身经验和技能以及关注新兴行业和趋势来发现机会。记住，我们要不断地尝试和探索，甚至可能需要尝试很多不同的领域，才能找到最适合自己的副业机会。

紧跟时代，捕捉新机遇

除了从身边发现副业机会外，我们也可以把目光放得更为宏大一些。随着社会的不断发展和变化，人们的需求也在不断变化。这也为大家提供了一个捕捉副业机会的良好时机。在当下的社会发展中，多个行业和市场展现出明显的趋势，为我们提供了丰富的机遇。以下是一些比较明显的趋势：

首先，数字化经济的兴起是一个明显的社会趋势。随着科技的发展，越来越多的人开始依赖互联网和手机应用来满足他们的各种需求，例如在线购物、外卖订餐、在线学习等。因此，开展与数字化相关的副业是一个非常有前景的选择。

比如，我们可以考虑开设一个电子商务平台，帮助小商家将产品进行线上销售。随着电商的普及，越来越多的消费者开始在网上购物。因此，如果我们能够为小商家提供一个线上销售的平台，帮助他们扩大销售渠道，同时也就可以赚取佣金，实现双赢了。或者我们也可以开设一家线上教育平台，提供各类在线学习课程。现如今，线上教育已经成为趋势。如果能够提供有吸引力的在线学习课程，吸引越来越多的学生，那么副业也就有了成功的可能。

其次，环保和可持续发展已经成为全球范围内的重要议题。越来越多的人开始意识到环境保护的重要性，并试图寻找能够减少对环境产生影响的方法和产品。因此，开展与环保和可持续发展相关的副业也是一个非常具有潜力的选择。

举例来说，我们可以考虑开设一家环保产品店铺，销售可回收再利用的产品或者生态友好的生活用品。

由于环保意识的普及，越来越多的消费者开始选择环保产品。如果我们能够提供有吸引力的环保产品，并建立良好的品牌形象，那么这项副业的发展显然不成问题。

或者我们也可以开展绿色咨询服务，帮助企业实施环保措施并获得可持续发展。由于环保已经成为全球范围内的重要议题，越来越多的企业开始关注环保，并尝试实施相关措施。如果我们能够提供专业的绿色咨询服务，帮助企业实现可持续发展，那么这项副业的前景也是相当广阔的。

此外，人们对健康和福祉的关注也在不断增加。随着生活压力的增加，人们开始更加注重身心健康和幸福感。因此，开展与健康和福祉相关的副业也是一个有前景的选择。

现代人的健康问题越来越突出,越来越多的人开始关注健身。那么我们就可以考虑开设一家健身房或瑜伽工作室,提供健身的服务。此外,现代人面临的压力越来越大,越来越多的人需要心理咨询服务。我们可以开设一家心理咨询机构,帮助人们解决心理问题,提升他们的生活质量。

随着社会人口老龄化的趋势日益明显,也涌现了许多做副业的商机。

跟老人相关的产业中,最容易想到的就是健康类,比如,随着人口老龄化,对健康和医疗服务的需求不断增加,我们可以考虑开设针对老年人的健康管理中心、康复护理机构、老年人专项诊所等,同时也可以提供个性化的健康咨询和保健服务。

文化休闲类的项目也会很受欢迎,针对老年人的社交和休闲活动也将成为一个潜在的市场。我们可以考虑开设老年人社交俱乐部、兴趣小组、旅游团等,满足老年人对社交和休闲活动的需求。提供老年人的居家护理、家政服务、餐饮配送等服务,以帮助老年人解决日常生活中的问题,同时也为他们提供更便利的生活方式。还可以开设各类老年教育和培训班,如兴趣爱好培训、文化艺术课程、健康养生知识等,满足老年人的学习需求。

总之，观察社会趋势是捕捉副业机会的关键。通过对数字化经济、环保和可持续发展、健康和福祉等趋势的关注，我们可以发现新的市场和行业商机，从而找到适合自己创业的机会。

精准定位，找到最适合你的起步时机

讲了这么多内容，不知道大家是否会产生这样的困惑：想做副业，却不知道怎么开始，担心自己的时间和精力被浪费；或是现在已经有了初步的想法，却不知道该不该做、要不要做？那么，现在就来聊聊怎么把握做副业的时机。

所谓"时机"，就是对个人发展有重大影响的环境因素。这是人生中最重要的时间节点之一。它可能是一个关键的转折点，也可能是一次重要的机遇。所以，你首先要知道自己现在所处的环境是否适合发展副业，再判断自己是否应该开始副业。

从张明的经历中，你或许能了解该如何选择恰当的副业时机：

早在2016年，张明就萌生了做副业的念头。当时，他主要想利用空闲时间摆摊赚钱，计划售卖一些手工艺品和季节性小吃。然而，当实际操作起来时，他才发现这两个副业并不容易，也不适合自己。首先，他并不擅长手工技术和厨艺，即使勉强能做出一些东西来，也远远达不到商品售卖的标准。其次，在考察周边市集时，他发现类似的摊位很多，自己想到的商品并没有什么竞争力，这个计划最终不了了之。

2017年，张明的朋友推荐了一个分享影视平台VIP会员优惠券的副业给他。这个副业的原理就是低买高卖赚差价。不过那时大家对于购买影视会员的需求并没有那么大。因此，在做了几个月后，张明的顾客范围还是仅限于亲戚、家人和一些有钱的朋友。并且由于客单价实在过低，张明觉得投入产出比并不合适，于是便没有再继续了。

2018年，张明的表姐出国读书，他便试图开展海外代购的副业。那时，网上的海外商品假货盛行，张明致力于确保所售商品的正规渠道与卓越品质，逐渐赢得了市场的良好反馈与认可。但好景不长，张明做了两年后，由于疫情的暴发，这条路也被斩断了。

几年过去，时间来到了现在。由于AI行业的集中爆发，张明很快又找到了新的副业机会——教授AI相关的课程。从内容上来说，AI技术的更新迭代速度非常快，因此他的课程可以不断地随之更新，不用担心授课内容枯竭。同时，随着每一次AI技术的突破，网上都会掀起大规模的讨论，相关话题的热度持续升高，生源范围也很广阔。从可行度来说，现如今人们对于教育资源付费的习惯已经被广泛养成，网络上各类课程售卖平台也愈发完善，为张明的入行降低了不少门槛。因此，在尝试做第一期课程时，他就招募到了近5000名学员，获得了巨大成功。

对于每一个普通人而言，抓住了时代的风口与机遇，往往能更顺利地踏上成功的快车道。在选择副业的时机时，这一原则同样适用。然而寻找这样的时机并非易事，它要求你具备敏锐的市场洞察力、对信息的敏锐捕捉能力以及持续学习的态度。你需要时刻关注行业动态，了解市场变化，分析潜在需求，以便在第一时间发现并抓住机遇。

同时，选择副业时机还需考虑个人实际情况与资源条件。确保副业计划与你当前的生活状态、职业规划以及兴趣爱好相契合，这样你才能更有动力、更持久地投入其中。此外，合理利用自身资源，如专业技能、社交关系等，也能为副业的成功增添助力。

具体来说，可以从以下几个方面判断现在的你是否适合做副业。

（1）你是否有一技之长，并且能够持续输出？如果没有的话，是否有感兴趣的方向？比如写作、画画、编程等，这类技能都是可以通过学习和不断练习获得的。想要做这类的副业，需要你先做好基础的准备工作再着手开始。

（2）你是否有良好的客源，能够给自己带来实质性的帮助？如果你周围的客源足够强大，那么现在就是利用这些宝贵资源的最佳时机。

（3）你是否有一定的经济基础和稳定的收入来源？如果有主业或一定的经济基础"兜底"，你开始副业时会更加从容。并且一些副业也是需要不少的资金投入的，如果你有充足的本金，也可以尝试开始副业。

（4）你是否有足够多的时间和精力？副业的开始时期需要投入不少的时间和精力，如果你现在就已经被主业和生活的琐碎填满了一切时间，那么现在可能并不是个合适的时机。

（5）你是否拥有足够强大的内心和韧性？做副业的路上，失败才是常态。除了一些金钱、时间等客观条件外，你的心理状态也是非常重要的，这决定了你是否能够从失败中吸取教训，持续地拓展这项事业。

如果对上面这些问题的答案还不明确，那么你就要先考虑一下自己是否有必要在此刻开始副业了。如果你只是想简单尝试一下，那么我建议你先找到一份稳定的工作，让自己在工作中不断学习、积累经验，等时机成熟了再开始副业。

最后提醒各位，在选择副业时，一定要考虑自己的兴趣和能力，避免盲目跟风或者追求快速获利。同时，还要确保副业不会影响主业或者自己的生活品质，否则可能会得不偿失，副业没搞好，反而把主业的工作也弄丢了。

第四章

如何挑选最适合你的副业

副业在精，而不在多

副业，凭借其灵活性的优势，形式也越来越多样化。除了摆摊、家教、促销员等传统认知的副业，新的副业选择也开始借助互联网的发展延伸到了自媒体、电商、主播等在线形式。根据有关数据显示：44.7%的年轻人都有过副业经验，有超过半数的年轻人，即使没做过副业，也有想尝试的想法。当下，像电商代购、线下摆摊、兼职撰稿、网上接单等，都是比较受欢迎的副业选择，每个人都可以依据自己的兴趣和特长选择适合自己的副业，并且有越来越多的人通过副业获取了额外的收入，缓解了自身的经济压力。

但与此同时，副业也隐藏着许多潜在的弊端，如果选择不当，不仅对长期的职业发展不利，还可能成为消耗时间和精力的无底洞。

每个人的精力是有限的，副业的时间和主业的时间常常产生冲突。

正在做副业的张小平就是个例子，在他副业最忙的时候，每天要花费将近9个小时的时间。他早上7点去上班，下午6点回家开始做副业，一直忙到凌晨2点……这就导致张小平白天做自己的主业时，精神状态欠佳。但是副业做得有声有色，他又不舍得停下来。长此以往，他的身体健康状况也出了不小的问题。

即使不是张小平这样的极端案例，对于普通人而言，时间和精力也常常显得捉襟见肘。以刘梦为例，她每天在副业上也至少要花费3~4个小时，原来她的主业就已经消耗掉很多时间和精力了。因此，做副业时，她经常感觉到力不从心。在本职工作忙起来的时候，副业就不得不"糊弄"一下。刘梦忍不住感慨："自己能有个分身就好了！"

这些例子都说明了做副业时，考虑时间成本的重要性。

另一方面，有许多副业具有高度的重复性和机械性，这类工作无法带来技能的提升和个人成长。例如，打字员、数据录入员等副业。

李明是一名全职会计师，他利用业余时间在网络上做打字员的兼职。虽然一开始他每月能额外赚取2000元的收入，让他感到兴奋，但由于工作内容单一、重复性高，很快，李明就感到身心疲惫。而且对于他的个人发展而言，他从这份副业中没有得到任何职业技能的提升。最终，随着那家公司引入自动化软件，李明的打字兼职也黯然落幕，成为过去式。

> 而与之相对的另一个例子中，张菲华选择了将平面设计作为自己的副业。她不仅在副业中学到了新的技能，还通过网络课程不断提升自己的专业能力。几年后，张菲华成功地将副业转变为全职工作，收入也大幅提升。

由此可见，选择能够带来技能提升和有职业发展前景的副业至关重要。

美国著名企业家沃伦·巴菲特曾说过："风险来自你不知道自己在做什么。"这句话同样适用于副业的选择。在选择副业时，你的首要任务是确立清晰的目标，不要被眼前的短暂利益所迷惑。唯有如此，方能在副业领域内稳步前行，收获长远的经济回报与个人的全面发展。

副业在精，而不在多。副业虽然可以带来额外的收入，但是选择一个能够提升技能、符合市场需求的副业，才是实现长期收益的关键。你要避免选择那些重复性高、容易被替代的工作，而应注重选择能够带来职业发展和个人成长的副业。

在副业的道路上，你需要保持清醒的头脑，理性分析，谨慎选择，才能实现真正的财务自由和个人成长。

什么是最佳副业

随着网络的发展，可以作为副业的兼职类目已经多到数不清了，比如剪辑视频、视频配音、游戏陪玩、开网店、电商客服等，五花八门、数不胜数。这些副业在招揽从业人员时，往往也会巧妙地添加很多诱人的标签：比如时间灵活、快速入职、有提成、无须经验等，这些标签在第一眼看起来时，会感觉这项副业门槛较低，非常适合用零散的时间来赚第二笔金。但是事实真是如此吗？

一些副业可能会浪费时间，甚至是一场骗局，李露露的经历就是这样一个值得反思的案例。她是一个私企的前台，因为公司规模不大，所以李露露的工作内容并不算太多，但与之对应的就是——工资也不高。于是，李露露产生了想要做个副业的想法，这样在平时没有接待任务的时候，她就可以利用空闲时间赚取收益，补贴下自己的日常开销了。

这时，一项做刷单的兼职引起了她的注意。李露露是在一个微信群里刷到这则招募广告的，其"零门槛、时间灵活、想做就做、简单好上手"的标签让她觉得这项副业十分靠谱，加上好奇心的驱使，李露露就添加了群主准备了解一下。

群主告诉李露露，想要做这项兼职需要先交一笔学费，毕竟他们找渠道也很不容易。李露露听到要交钱还是犹豫了起来，但紧接着群主就表示，这个任务十分简单，只需要给店家刷个好评，几分钟就可以拿到每单5元到20元不等的收益，一天可以做上百单，并强调明天学费就要上涨了，机不可失！

群主抛出的高承诺回报和学费要上涨的紧迫感让她最终下了决心，交了钱。但看过群主发送的一系列教程后，李露露才发现不像群主说的那么简单，刷单有很多限制条件，还有其他的潜在规则，有时还需要自己垫付资金。尽管李露露不甘心学费就这样打了水漂，硬着头皮做了几单，却只赚到了几元钱。意识到可能被骗后，李露露试图要求退款，却遭到群主无情的拒绝，最后她选择了报警。

刷单其实是一项违法的行为，并不能为你带来任何能力的提升，也不具备长期性。因此，这类的兼职绝非值得推荐的副业。那么，到底什么是好的副业呢？

每个人的具体情况不同，适合做的副业也不同。大体来说，好的副业至少需要满足以下几个条件：

（1）时间灵活：副业应该能够适应你的主要工作或生活节

奏，不会过多地影响到你原本的生活。

（2）收入稳定：好的副业可能不会立刻带来大量收入，但长期来看，它能够提供持续、稳定的额外收入。

（3）低风险：首先，要确保副业符合法律法规，避免法律风险。其次，请选择那些投资少、风险低的副业，避免造成财务上的负担。

（4）市场需求：选择有市场需求的领域，这样可以让你更容易找到客户或消费者，从而顺利开展副业。

总之，在选择副业时，需要考虑清楚自己的个人情况，包括技能、兴趣、可投入的时间以及愿意承担的风险等。同时，要提前调研市场，了解潜在的副业是否真正可行，以及它们是否能够满足上述条件。最后，务必要牢记——在选择副业的时候擦亮眼睛，毕竟天上不会无缘无故地掉馅饼，你必须时刻守护好自己的钱袋子。

MBTI也能帮你找到副业方向

近年来，MBTI（Myers-Briggs Type Indicator）测试在年轻人中爆火起来。MBTI是指一种16型人格测试，通过回答一系列问题，就可以帮助你深入剖析自己的性格特点。那么你是否能利用MBTI找到适合自己的副业呢？答案当然是肯定的，下面就来一起探索不同MBTI类型的特点及适合的副业：

1. ISTJ（内向、感觉、思维、判断）

副业推荐：理财客服、写分析报告、模型搭建

ISTJ类型的人倾向于关注现实和具体的细节，他们喜欢有条理、有计划地做事，并且重视事实和证据。他们尊重传统和既定规则，常常被认为是可信赖的人，因为他们注重责任感，并且会尽力完成所承诺的任务，因此他们非常适合从事那些需要细致、可靠、结构化和逻辑性强的副业。

2. ISFJ（内向、感觉、情感、判断）

副业推荐：家教、收纳师、上门喂养

ISFJ类型的人友善且关爱他人，这类人更加体贴，更注重细节。这种天性使得他们在诸如家教、上门照顾宠物（如遛狗喂猫）以及专业收纳师等职业领域中尤为得心应手。这些工作不仅要求高度的耐心与同理心，也恰好契合了ISFJ的性格特质，让他们在获得经济回报的同时，在帮助他人、解决实际问题的过程中实现自我价值的升华与满足。

3. INFJ（内向、直觉、情感、判断）

副业推荐：兼职写手、心理咨询师

INFJ类型的人富有洞察力和创造力，擅长理解他人的复杂情感和思想，适合从事需要深度思考和表达的副业。兼职写手、心理咨询师能够让INFJ的人充分发挥他们的才华，通过文字或交流帮助和影响他人，找到个人成就感。

4. INTJ（内向、直觉、思维、判断）

副业推荐：战略咨询、定位分析报告撰写

INTJ类型的人非常善于规划和分析，具有远见卓识，这些远见和逻辑思维使得他们在战略咨询、策略咨询、投资分析等研究分析类副业中如鱼得水，能够为企业或个人提供深度洞见和专业建议，实现长远目标。

5. ISTP（内向、感觉、思维、知觉）

副业推荐：手工艺品摊主、烘焙师、电脑维修兼职、模型搭建/程序开发兼职

ISTP类型的人擅长动手操作，具有出色的问题解决能力和适应力。他们喜欢以实用和功能性为导向的工作，适合从事手工艺、机械维修或软件开发等领域。这些副业可以让他们充分发挥自己对细节的关注能力和解决具体问题的能力，通过不断创新和改进来满足自己的挑战欲。

6. ISFP（内向、感觉、情感、知觉）

副业推荐：自由摄影师、音乐家教、兼职设计师

ISFP类型的人拥有非凡的审美眼光，对美好事物有着敏锐的察觉与不懈的追求。他们内心情感世界丰富，天生具备艺术天赋，擅长借助艺术这一媒介来抒发内心的情感。因此，摄影师、音乐家或时尚设计师等职业对他们而言尤为合适，这些领域能够让他们将个人的情感体验与对美的深刻理解融入创作之中，从而创造出独一无二、具有深刻艺术价值的作品。

7. INFP（内向、直觉、情感、知觉）

副业推荐：自由撰稿人、线上心理咨询、自由插画师

INFP类型的人内心丰富，充满激情和理想，他们富有同情心，具有良好的直觉和想象力。这使得他们非常适合从事创作、

艺术类的工作，自由撰稿人、线上心理咨询师或插画师，这类副业能够让他们更好地抒发内心的情感，展现自己的创造力。

8. INTP（内向、直觉、思维、知觉）

副业推荐：兼职编程开发者、论文撰写兼职、科技类博主

INTP类型的人逻辑思维能力强，对知识和理论有浓厚的兴趣，他们喜欢解决复杂问题，非常适合从事需要分析和创造性的工作。程序开发、技术咨询等工作能够让INTP类型的人充分发挥他们的智力优势。INTP类型的人天生好奇，喜欢探索理论和抽象概念。独立研究、编程或做科普类视频都能充分满足他们的求知欲和好奇心。

9. ESTP（外向、感觉、思维、知觉）

副业推荐：体育教练、网站运营、销售

ESTP类型的人勇于冒险，喜欢具有挑战性的事物，具备出色的问题解决能力和应变能力。他们非常适合从事体育教练或营销类工作，这些工作可以让他们的激情和动力得到充分的运用和展现。

10. ESFP（外向、感觉、情感、知觉）

副业推荐：舞蹈教练、瑜伽老师、穿搭博主、咖啡店兼职

ESFP类型的人热爱生活，喜欢与人互动。他们生性活泼开朗，具有很高的艺术感和社交能力。他们非常适合从事需要表现力和社交技能的工作，时尚顾问、经营个性酒吧或咖啡店，这类

副业都可以让他们的个性得到充分的展现。

11. ENFP（外向、直觉、情感、知觉）

副业推荐：公众号运营、创意内容策划、当地导游

ENFP类型的人思维敏捷，充满创意，喜欢追求新事物，非常适合从事需要创新和冒险精神的工作。ENFP类型的人天生具有强烈的创造力和社交能力，他们善于与人沟通，热爱自由和多样性。这使得他们非常适合公众号运营的副业。现在很多人旅游都不选择跟团，而是更希望通过当地人了解更多美食美景，所以给外地人做导游这个工作非常适合ENFP类型的人，能够充分发挥他们的创意和领导力，为游客带去美好的旅行体验。

12. ENTP（外向、直觉、思维、知觉）

副业推荐：本地美食博主、户外领队、密室逃脱NPC（非玩家角色）兼职、客服

ENTP类型的人思维活跃，喜欢挑战传统，非常适合从事需要创新和创造性的工作。他们热爱探索未知，无论是寻找城市里的隐藏美食，还是打卡那些鲜为人知的网红地，都能看到他们的身影。假期对他们来说，就是一场场精彩的冒险，密室逃脱NPC兼职、咖啡店里的咖啡师、聚会上的闪亮主持人，甚至是群聊里那个总能活跃气氛的小客服，都可能是他们的角色。做一个本地博主也是一个不错的选择，这样他们可以发挥想象力，也能通过自己的丰富的创新能力和逻辑思维能力为人们带去惊喜。

13. ESTJ(外向、感觉、思维、判断)

副业推荐：营养师博主、自有品牌主理人

ESTJ类型的人以其出色的领导能力和对细节的严格要求而闻名。天生的组织能力和高效的执行力使他们非常适合自主创业，或者从事销售工作。不过他们可能不愿意帮别人代运营，或者售卖别人的产品，他们可能会更喜欢运用自己的所学，成为科普类博主，或者打造自己的品牌，运用自己的专业知识和执行力，推动品牌的发展。

14. ESFJ(外向、感觉、情感、判断)

副业推荐：社区兼职、陪诊师、客服、上门喂养兼职

ESFJ类型的人善于沟通，喜欢帮助他人，非常适合从事需要协调和沟通技能的工作。ESFJ类型的人以其亲切、具有同情心和组织能力强著称。他们喜欢与人交往并在帮助他人中找到满足感。社区服务协调员、陪诊师、客服这类的工作都可以充分发挥他们的人际交往技巧和照顾他人的天性，照顾小动物当然也不在话下。

15. ENFJ(外向、直觉、情感、判断)

副业推荐：职业规划师、自媒体博主、线上疗愈师

ENFJ类型的人以其热情、鼓舞人心的性格和强烈的人道主义精神著称。他们在激发他人最大潜能和推动社会变革方面有着非凡的能力。他们非常善于鼓励他人，帮助他人找到自信，所以这类人比较适合做讲师、职业规划师。ENFJ类型的人自身的灵性也很强，他们很清楚地知道自己的生命目的，线上疗愈师也比较适合ENFJ类型的人，他们可以通过沟通、使用心理学知识来启发和帮助他人。

16. ENTJ（外向、直觉、思维、判断）

副业推荐：线上销售、兼职培训师

ENTJ类型的人具备强大的领导力，善于战略规划，非常适合从事需要领导和战略思考的工作。他们更关心宏观问题，是天生的掌舵者。在商业环境中大展拳脚、利用策略说服别人可能是他们非常擅长的事情，他们也可以借助人际关系做一些线上推销的副业。他们乐于帮助别人，愿意分享自己的专长，也更适合做培训师，传授自己的成功经验，培养未来的领导者。

以上就是16种MBTI类型的人适合的副业介绍，充分了解和运用MBTI人格测试，不仅可以帮助个人更好地了解自己的天赋和偏好，还可以助力选择更加适合自己的副业，最大限度地释放潜能，享受工作带来的满足与喜悦，最终迈向个人成功与幸福的彼岸。

打造你的个人副业清单

看完前面的内容后，相信你已经能大概列出一些自己感兴趣，或者擅长的副业清单了。但是这个"副业清单"可能还过于冗长，让你没法抉择。下面我将带领大家结合个人兴趣和实际可行性，逐步选出最适合你的副业方向。

第一步：自我评估

在选择副业之前，你首先要对自己进行全面的评估，主要包括以下几个方面：

个人兴趣爱好：你喜欢做什么？哪些活动能让你感到愉快和充实？

技能和特长：你擅长什么？哪些技能是你已经掌握并可以直接使用的？

投入时间：你有多少空闲时间可以投入到副业中？每周能投入多少小时？

目标和期望：你希望通过副业达到什么目的？是增加收入、提升技能，还是追求个人兴趣？

第二步：列出副业选项

根据第一步评估的结果，你需要列出所有的副业选项，并且做好分类，例如：

个人兴趣爱好相关：网络写手、插画师、摄影师、手作博主等。

技能和特长相关：线上编程、线上翻译、线上疗愈师等。

第三步：分析和筛选

接下来，你就可以对每个副业选项进行详细分析了，重点评估其可行性和潜在收益。你可以考虑以下几个因素：

1. 市场需求

> 假设你是一名程序员，考虑在业余时间开发和销售移动应用程序。在开始之前，你需要了解市场对你计划开发的应用类型（如健康追踪、教育、娱乐等）的需求。可以通过查看App Store或其他下载App的排行榜、阅读行业报告，参加相关论坛和社区等，了解当前市场趋势和用户需求。只有确定你的应用程序有足够的市场需求时，才值得投入时间和资源去开发。

了解市场需求非常关键，只有兴趣和爱好而不了解市场需求，也很难成功。可以多搜索相关新闻，或者查看行业报告等，了解副业对应的市场空间，这都是确保副业长远发展的必要条件。

2. 竞争情况

> 假设你是一名平面设计师，想要在网上做设计的兼职。首先，你需要分析市场上的竞争对手，包括他们的定价、服务质量和客户评价。可以通过一些常见的设计接单平台，如闲鱼、微博等，来查看同行的作品集和客户反馈，了解他们的优势和劣势。根据这些信息，你可以确定自己的竞争优势，例如独特的设计风格、快速的交付时间或良好的客户服务等，从而制定出适合的定价和营销策略。

了解市场上的竞争者及其优势和劣势是必不可少的。分析竞争对手的定价、服务质量和客户评价，以确定自己的竞争优势并制定相应的策略。正所谓知己知彼，百战不殆。

3. 启动成本

> 假设你平时非常喜欢烘焙，偶尔也会在社交平台上分享自己的作品。随着关注的人越来越多，你产生了开店做副业的打算。这个时候，你需要先计算一下开店的租金、设备、原材料和人力等成本。例如，租一个小店面的租金每月2000元，购买烘焙设备需要5000元，原材料的月成本约为3000元。确保这些成本在可承受范围内，才可以正式启动副业。

正式启动前，我们需要评估启动副业所需的成本，包括时间和金钱。合理的成本控制是副业成功的重要保障，可以帮助你在资源有限的情况下，明确前期投入，高效分配使用每一分投入，避免产生资金链断裂的风险，优化运营流程，提升盈利能力。

4. 时间成本

假设你是一名教师，考虑在业余时间做线上家教，就需要评估每周可以投入多少时间，以及每小时的收费标准。例如，每周可以腾出10小时做线上家教，每小时收费100元，这样每周可以额外收入1000元。如果副业的时间投入不会过多影响主业和家庭生活，同时收入也符合预期，就可以考虑正式开始。

做副业的人最应该关注的就是时间成本，单位时间内通过副业可以产生多少收入？这对于原本主业就很费精力的人群而言更加重要。如果副业需要过多的时间投入，可能会影响主业和生活质量，需要谨慎考虑。须知，合理分配时间是确保副业与主业平衡发展的关键。

5. 收益预期

假设你是一名摄影师，考虑在业余时间拍摄和出售照片。你需要评估每月可以拍摄和出售多少照片，以及每张照片的平均售价。例如，每月可以拍摄并出售50张照片，每张照片售价20元，

> 这样每月可以额外收入1000元。如果摄影副业的收入预期稳定，并且在未来有增长潜力，就可以考虑投入更多资源去发展这个副业。

评估副业的收入，确定其经济回报是否符合预期也非常重要。收益预期的评估包括收入来源、收入波动和长期收益。如果收益预期不明确或不稳定，可能需要重新评估该副业的可行性。明确的收益预期是激励自己持续投入的动力。

第四步：行动计划

最终确定副业后，你还应该制订详细的行动计划。这包括短期目标和长期目标，以确保你的计划是可行的，且有明确的推进时间表。

总之，选择副业并不是一蹴而就的事情，需要经过仔细的自我评估、分析、列出适合自己的副业清单。通过以上四个步骤，你再逐步锁定最适合自己的副业方向。接下来就可以将计划转为行动了，相信你可以在实现经济独立的同时，也能享受到副业给生活带来的前所未有的乐趣和成就感。

第五章

如何制定你的个人副业路线

保持清醒，避免陷入"用时间换钱"的陷阱

大多数人在选择副业时，其实是相当迷茫的，而在这一阶段，最容易陷入的陷阱便是单纯地以时间为代价换取金钱——这是一种听上去诱人，但实际上非常低效的盈利途径，因为人的精力是有限的，以时间换钱，不仅会带来主业受损的风险，甚至可能使人过度劳累、影响健康。

首先你应该认清"用时间换钱"陷阱的本质，"用时间换钱"陷阱的本质在于，为了追求眼前的经济利益，不惜投入大量的时间和精力在副业上。这一陷阱的诱人之处就在于能够相对快速地得到经济收益，但只要你跳出这一思维模式，把目光放长远，就会发现"用时间换钱"有着相当多的不稳定因素。

小王在大学期间，为了赚取零花钱，决定在线上找一个副业。他找到了一个打字录入的兼职工作。这份工作看起来很简单，只需要动动手指把手写的文字或扫描的文件录入到电脑中。

起初，小王觉得这是一份理想的兼职工作，既不需要太多的脑力劳动，又可以灵活安排时间，似乎是个不错的选择。

然而，随着时间的推移，他逐渐发现了这份工作中存在的问题。每天大量的打字工作使得他的手指和眼睛都非常疲劳，长时间的键盘敲击也让他产生了厌倦感。尤其是在完成一天的课业之后，他不得不继续面对堆积如山的录入任务，这让他疲惫不堪。每天晚上，他都筋疲力尽地躺在床上，觉得整个人都像是被掏空了一样。

每天都要面对大量重复的录入工作，不仅耗费了大量时间，还极大地消耗了他的精力。小王发现自己已经很难再像一开始那样轻松愉快地完成任务了。一看到键盘，他甚至感觉头痛，不得不重新选择自己的副业了。

通过小王的这段经历，我们不难看出，这种"用时间换钱"的兼职虽然可以带来短期的收益，但从长远来看，它需要付出大量的时间和精力，且收入水平无法显著提高。要想真正获得长远的收益和发展，你就必须寻找一种能够提高效率和收益的工作方式，而不是仅仅依靠机械重复的劳动。

那么，健康的副业应该是什么样的呢？首先，健康副业的一条评判标准就是：你能否为它制订一个合理的奋斗计划。如果在针对它进行计划和日程规划时，你发现了多处隐患或是不合理之处，那么毫无疑问，这是一项不太合适的工作。

小林是一名资深软件工程师，拥有十多年的编程经验。为了分享知识、增加额外收入，小林决定尝试开展一个在线课程讲师的副业。市场调研后，小林发现在线编程课程市场需求量大，尤其是针对初学者和中级开发者的课程非常受欢迎，于是他决定开设一门关于Python编程的基础课程。

接下来，小林制定了一个详细的日程表。考虑到自己平时工作繁忙，小林决定每周抽出几个晚上和周末的时间进行课程录制和编辑。通过合理的时间安排，小林既能够专心完成主业工作，又能确保副业进展顺利。按照这个计划表，小林花了一个月时间精心设计了课程内容，将课程分为多个模块，从基础语法到实际项目，每个模块都循序渐进地带领学员逐步深入。为了增加课程的吸引力，小林还设计了一些实际项目，让学员在学习过程中能够实际操作，掌握编程技能。

由于课程内容设计合理，学员们能够在短时间内学到实际的编程技能，课程的口碑不断提升，上线后不久就吸引了大量学员报名。通过在线课程平台的收入分成和学员的好评，小林在短短几个月内就实现了稳定的收入增长。

通过这个例子可以看出，健康的副业不仅能够带来经济收益，更重要的是，它能够通过合理的规划和时间管理，实现副业的可持续发展。小林通过在线课程讲师的副业，不仅分享了自己的知识，还实现了个人价值的提升，同时也为自己的未来积累了更多的资源和机会。

因此，对于当代的年轻人来说，制定一条明智、可持续的副业路线至关重要。在选择和发展副业时，首要问题就是认清"用时间换钱"陷阱的本质，明确副业目标、评估自身资源、制订合理计划，同时保持学习与成长的姿态，不断适应市场变化，提升自我竞争力。

主业和副业如何完美平衡

现代人有着这样一种思维,就是以多元化的发展来带动个人价值的最大化,这一思路总体来讲是正确的,但是如何在保证主业稳健发展的同时,又能让自己的副业蓬勃发展,这就是一个非常难以平衡的问题了。接下来就一起探讨主业和副业之间的平衡之道,为多元化发展铺好前行的路。

在主业和副业平衡之道中,唯一不会改变的量就是时间。因此制定时间管理策略是平衡主业和副业最重要的一个步骤。首先,要确保主业的工作时间和效率不会被副业影响。试想一下,如果要牺牲主业的时间,或者是自己的休息娱乐时间来发展副业的话,那么从最开始这一创业路线就被烙上了痛苦的印记。其次,如果想要更加科学合理地安排副业的时间投入,避免自己的主业受到干扰的话,可以通过制定明确的副业工作时间,或者更多地利用碎片时间从事副业活动,来实现时间的合理分配。

主业是个人职业生涯的核心,也是个人收入的最大来源。而副业可以是主业的补充和拓展，同样也可以是个人兴趣和技能的体现。明确这两者的定位，才能避免因为副业投入过多而影响到主业的稳定。

吴启是一名互联网的新媒体运营人员，近年来，短视频平台的火爆引起了他的注意，敏锐的他从中嗅到了潜在的机遇。于是，吴启利用闲暇时间运营起了自己的短视频账号。凭借着自己在新媒体领域的专业知识和一定的运气，吴启的短视频账号在短时间内迅速起步，吸引了大量粉丝的关注，收益也肉眼可见地上涨。这让他感到非常自豪，甚至有些自大。他认为自己找到了一个轻松且高效的副业路径，因此对主业的重视程度有所下降。

然而，好景不长。随着时间的推移，吴启的短视频账号逐渐进入了收益瓶颈期。视频内容的创意开始枯竭，粉丝增长放缓，广告收入也没有预期的那么乐观。同时，由于吴启将大量时间和精力投入到副业中，他在主业上的表现也开始出现问题。新媒体运营工作需要保持高效和创新，但吴启的分心导致他在主业上的表现大幅下滑。

祸不单行，此时公司的项目接连出现问题，客户反馈不佳，导致公司的整体运营受到影响。吴启开始感到压力倍增，意识到自己需要紧急补救。他决定减少短视频运营的时间，全力投入到主业中，以挽回公司的损失。然而，长时间的双重负担让他的身体和精神都达到了极限。尽管他最终通过努力挽回了一些损失，但也因此累得大病一场，不得不休养一段时间。

吴启的例子充分说明了副业与主业之间需要找到一个平衡点。副业的发展虽然能带来额外的收入和成就感，但如果过度投入副业而忽视了主业，可能会导致严重的后果。因此，合理的时间管理和清晰的优先级排序对于保持长期健康的职业发展至关重要。

人们对于副业的需求，其实大致分为"长周期—稳定"类型与"短周期—高回报"类型，从字面上来看后者明显更加吸引人，很多人往往会忘记，短周期加上高回报，往往也代表着高风险，在还没能完全掌控副业的时候，万万不可本末倒置，将主业置之不理。

健康的生活习惯是保证自己能够同时建设主业和副业的重要保障。因此，需要关注自己的饮食、睡眠、运动等方面的健康需求，保持良好的生活状态。此外，学会放松和调节自己的情绪也是非常重要的。可以通过阅读、旅行、社交等方式来放松心情，缓解工作压力和焦虑情绪。

在主业和副业之间寻找平衡的过程中，培养跨界思维和创新能力也是非常重要的。跨界思维可以帮助你打破思维定式，从不同的角度和领域寻找解决问题的方法。创新能力则可以让你在竞争激烈的市场中脱颖而出，实现个人价值的最大化。最后，你也要定期评估自己的主业和副业发展状况，根据实际情况调整策略，以便更好地应对变化和挑战，实现主业和副业的完美平衡。

总之，主业和副业的平衡之道，并不是由单个因素所掌控着的，如果要比喻的话，它更像是由多个变量构成的化学反应，只有掌握了这些关键要素和方法技巧，你才能更好地实现个人价值的最大化，在副业的发展道路上走得更远。

钱生钱的核心：提升个人影响力

发展副业并非一蹴而就的事情，它需要深思熟虑，精心规划，并不断地进行自我提升。比起"用时间换钱""用健康换钱"的不可持续行为，一份优质的副业的特征就是可以像滚雪球一般，自己跑起来，且越滚越大，这也就是平时说的"用钱来生钱"。

那么想要做到"用钱来生钱"，核心是什么呢？这意味着很多事情无须亲力亲为，那么这时必然要引入其他人力、物力等资源。这些资源从哪里来？每个人都不是孤岛，你没有的资源，总会有人有。那么这时，提升个人影响力就成了有效发展副业的重要一环，只要提升了自己的影响力，资源自然滚滚来。

个人影响力为何如此重要？李华的经历或许能说明这一点：

李华在一家初创公司担任产品经理，刚开始工作时，他并没有太多的行业经验和客源。然而，他对科技和创新有着浓厚的兴趣，并且非常勤奋。因此在业余时间，李华开始在社交媒体平台上分享他的行业经验和见解。慢慢地积累一些粉丝后，他逐渐在行业内建立了自己的专业形象。

同时，李华也积极参加各种行业会议和活动，结识了许多业内人士。他不仅从这些人身上学到了很多，还通过帮助他人解决问题和提供有价值的见解，赢得了他们的信任和尊重。由于李华在行业内的积极表现和良好口碑，他被邀请参与多个重要的项目，并拥有很多合作机会。一些大型科技公司的人事甚至主动联系他，提供了比他当前职位更有吸引力的工作机会。

最终，李华决定加入一家知名的科技公司，担任高级产品经理。他的影响力不仅帮助他获得了这份理想的工作，还使他在公司内部迅速崭露头角，带领团队成功推出了多个重要产品。

李华的故事说明了个人影响力的重要性。他通过积极展示自己的专业能力和建立广泛的人际网络，不仅提升了自己的职业形象，还创造了许多宝贵的机会。

在现代社会中，个人影响力不仅是一种软实力，更是个人职业和生活成功的重要推动力。影响力强的人，在社交生活中往往社交能量也更加强大，这就使得他们更加容易得到他人的尊重和信任。他们具备高效沟通的能力，这无疑会使他们在社交中更具有竞争力。

> 舞蹈博主白小白就是如此，他的舞蹈带有强烈的个人风格特色，开创了"中国风爵士"这个舞种的先河，并且在过去的几年内，白小白持续地为爆火的歌曲编舞并发布，在网络上掀起了多轮翻跳的潮流，甚至被一些当红的明星翻跳，因此他成功吸引了大量粉丝的关注和支持。
>
> 在积累了足够的个人影响力之后，他开始推广自己的付费课程和服务产品，并取得了不错的成绩。

个人影响力越大，能够触及的受众群体就越广，这自然可以为副业的推广和销售打开更广阔的市场。在社交媒体高度发达的今天，拥有一定影响力的个人可以轻松地通过分享、推荐等方式，将副业产品传递给更多潜在客户，从而提高销售额和知名度。

对于想要发展副业的人来说，不断提升自己的个人影响力和专业能力是至关重要的。通过不断学习、积累经验和拓展社交关系，可以逐步建立起自己的品牌认知和信任体系，从而在副业领域取得更大的成功。

目标结合倒推法，建立副业地图

"副业地图"并非在地图上规划自己的副业路线，而是人们对副业的初步构想和定位。这就需要你把目光放得更为长远，梳理出更加清晰的副业脉络，然后为自己设立一个宏远的大目标，并且拆分出多个小目标，以实现最终目的。

副业地图的构建通常始于个人的初步构想，即对副业方向的初步规划和定位。在对市场做出评估之后，也别忘了对自己的能力、兴趣和资源进行全面评估，确定你对这项副业的目标和愿景是什么样的。做到知彼知己之后，你就可以引出本节的核心内容——倒推法了。

倒推法就像是从未来看现在，你已经知道自己想要的结果是什么，然后一步步往回推，看看现在需要做什么才能达到那个结果。这样，你就能更清楚地知道每一步该怎么走，怎么规划自己的副业道路了。

简单来说，就是用你想要的"结果"来指导你现在的"行动"。比如，你想通过副业每个月多赚2000元，那你就可以倒推出来，为了达到这个目标，你需要做哪些事情，比如学习什么技能、找什么样的客户、怎么定价等。然后，你就可以按照这些步骤，一步步去实现你的副业梦想了。

那么该如何把倒推法应用到自己的副业地图中呢？

第一步：细化目标

人们在做规划的时候，比较容易犯下眼高手低、缺乏常性的毛病，所以最好将长期目标分解为数个短期目标。

> 就如同日本马拉松选手山田本一一样，他在分享自己的成功经验时曾经说过，跑马拉松的时候，他从不会把终点定为目标，而是会把整个赛程分解为数个小段，以有特点的景观作为这些段落的终点，就这样，他每次都会以非常放松的心态和极佳的身体状态完成自己的全部赛程。

这一方法在很多领域都是很科学的，因为它既能够避免好高骛远，又能用完成短期目标来给予自己成就感反馈，这一方针无疑有助于更好地跟踪进度，及时调整策略。

第二步：明确需求

针对每个阶段的目标，明确所需的知识、技能、资源等。例如，如果你的目标是开设一家淘宝网店，那么就需要学习电商运营知识、掌握摄影技巧、准备启动资金；而如果是要在夜市设立一个摊位，就得了解市场需求、顾客流量和价格行情等。

第三步：制订计划

根据需求分析的结果，制订详细的实施计划。计划应该包括时间表、任务分配、资源调配等。同时，要确保计划具有可行性和灵活性，以应对可能出现的变化。在计划的拟定环节，需要投入的精力往往是最多的，但这些努力最终一定都是值得的，在此环节务必要沉下心去想、放开眼界去看。

第四步：执行并及时调整

到了这一步，就要付诸实践了。首先要严格按照自己的计划执行，同时别忘记不断地跟进和调整。在执行过程中，要保持耐心和毅力，及时总结经验和教训，以便在后续阶段进行改进。毕竟计划永远不是一成不变的产物，制订计划也不是能够一劳永逸的环节，所以需要在不断的动态调整之中，逐步实现自己的副业目标。

通过李明的例子来看一下如何实操：

> 李明是一名软件工程师，他希望通过建立一个在线编程教育平台来增加收入。
>
> 为此他做了以下计划：

第一步：细化目标

李明先给自己设立了长期目标：建立一个在线编程教育平台，每月稳定收入1万元。然后，他将这个长期目标分解为具体的短期目标：

第1个月：市场调研与平台规划；

第2~3个月：学习在线教育平台开发的相关技术和工具；

第4~6个月：开发和上线平台的初版；

第7~9个月：制作并上传初步的编程课程内容；

第10~12个月：进行市场推广和用户获取，达到月收入1万元。

第二步：明确需求

针对每个阶段的目标，李明明确了所需的知识、技能和资源：

第1个月：了解在线教育市场，确定目标用户，分析竞争对手；

第2~3个月：学习前端、后端开发、数据库管理等相关技术，并规划平台的整体架构；

第4~6个月：与合作伙伴或外包团队共同开发平台，包括前端界面设计、后端功能开发、数据库搭建等。进行初步测试与优化，确保平台稳定运行；

第7~9个月：策划并制作首批编程课程内容，包括视频教程、文字资料、实战项目等。建立课程库，确保课程质量符合用户需求；

第10~12个月：制定市场推广策略，包括社交媒体营销、合作伙伴关系建立等。持续优化平台功能与课程内容，提升用户留存率与付费转化率。

第三步：制订计划

李明根据需求分析的结果，制订了详细的实施计划。

第1个月：

每周阅读至少5篇行业报告或文章；

设计并发布市场调研问卷，收集100份有效反馈；

总结调研结果，制定平台功能需求文档。

第2~3个月：

每周完成2个在线课程章节，学习网站开发技术；

参加相关技术论坛，解决学习中的技术问题；

编写平台的基本架构和功能需求文档。

第4~6个月：

每周开发和测试一个平台功能模块；

每两周进行一次全站测试，确保平台稳定；

在GitHub上发布代码库，接受同行反馈。

第7~9个月：

每周录制和编辑一门课程，确保视频质量；

制作并上传配套的课件和练习题；

邀请10位测试用户体验课程并反馈改进意见。

第10~12个月：

每周发布3~5条社交媒体推广内容；

每月投放一次在线广告，监测推广效果；

组织一次线上编程大赛，吸引用户注册。

第四步：执行并及时调整

第1~3个月：李明按计划进行市场调研和学习开发技术。在此过程中，他发现在线教育市场的竞争非常激烈，但也确认了自己的目标用户群体。他在技术学习过程中遇到了一些难题，通过参加论坛和寻求同行帮助，顺利解决了。

第4~6个月：在开发平台的过程中，李明发现一些预定的功能难以实现，于是及时调整了功能需求，简化了部分模块，确保按时完成平台初版的开发和上线。

第7~9个月：录制课程时，李明意识到自己的视频制作技能不足，花了一些额外时间学习视频编辑技巧，最终提高了课程质量。测试用户的反馈帮助他改进了课程内容。

第10~12个月：在市场推广阶段，李明发现社交媒体的效果不如预期，于是调整策略，增加了搜索引擎优化和合作推广，结果效果显著提升，用户注册数量和收入稳步增长。

通过倒推法，李明成功建立了自己的在线编程教育平台，并在短短一年内实现了每月1万元的稳定收入。这一副业不仅为他带来了可观的额外收入，而且极大地提升了他的职业技能和市场影响力。

由此可见，通过目标结合倒推法建立副业地图是一种有效的副业规划方法。通过明确目标并不断学习持续进步，可以更好地规划和实现自己的目标。当然，在这个过程中最重要的是：保持足够的耐心和顽强的毅力，不断克服困难和挑战，这样才能最终实现自己的副业梦想。

第六章

副业经营之路：
挑战与应对策略

经营副业的必经阶段有哪些

大多数人是因为什么而开启了副业之路呢？可能有很多人是为了完成自己的理想，想要寻求自己的价值，但是放眼普通人群体，做副业的理由最多的还是补贴家用。所以我们接下来就从普通人的视角出发，一起看看经营副业的必经阶段都是什么。毕竟只有了解了做副业的全流程，我们才能够更加了解自身所处的阶段，并找到合适的前进路线。

1. 启蒙阶段

启蒙阶段也可以叫作"观望期"，这是绝大多数人经营副业的起点，也是最为关键的阶段。对此可能有人感到疑惑：观望有什么重要的呢？实际上在这个阶段，创业者不仅仅是用眼睛看而已，更多地要用心去体会。

启蒙阶段需要做些什么呢？首先是市场调研：了解目标市场的需求、竞争态势和潜在机会，为后续的产品或服务定位提供依据。对于副业来讲，市场就是命脉，所以了解市场情况是第一步，也是最重要的一步。

在此之后要进行的就是资源筹备：首先理性评估自身资源，预估可能出现的风险，在此基础上筹集必要的启动资金。随后可以选择组建自己的团队。如果是独自一人奋斗的话，也不妨多找些朋友或有经验的前辈多加探讨，保证自己开启副业大门的时候头脑中有干货。

张高华是一个热爱烹饪的大学生，怀揣着在校园内创立一家别具一格的自助餐馆的宏伟梦想。为了将这一梦想照进现实，他积极投身于细致入微的市场调研之中。他亲自踏遍校园周边的每一个角落，深入探访其他餐馆的运营状况，细心观察并记录下学生们的餐饮选择习惯与独特偏好。

在调研过程中，张高华不仅详细分析了竞争对手的菜单设计、价格策略及服务质量，还深入剖析了他们的目标客户群体，力求全面掌握市场动态。通过这些努力，他敏锐地洞察到校园周边餐饮市场中潜藏的巨大机遇——学生们对于性价比高、口味独特且用餐环境宜人的餐饮需求日益增长，同时，对健康食材的追求以及对高效快捷服务的期待也日益凸显。

基于这些宝贵的调研成果，张高华精心规划了自己的创业蓝图：他立志打造一家以"新鲜健康"为核心竞争力的自助餐馆，旨在为广大学生提供丰富多样的菜品选择，每一道菜肴都精选上乘食材，确保营养均衡、口味出众。同时，他还将致力于营造温馨舒适的用餐环境，并承诺提供贴心周到的服务，力求为每一位顾客带来前所未有的优质就餐体验。

经过不断努力，他毕业后开的自助餐馆成为校园里最热门的地方，也成了学生们聚餐的首选。

在进行副业的启蒙阶段，张高华通过市场调研深入了解了消费者的需求，这也为他后来开自助餐馆的成功提供了宝贵的参考依据。

可见，在创业启蒙阶段通过市场调研理解消费者需求，是未来副业成功的重要基础。它不仅帮助创业者明确了方向和目标，还为其提供了宝贵的市场信息和数据支持。只有深入了解并满足消费者需求的产品或服务，才能在市场上立足并赢得消费者的信任和支持。因此，对于每一个想要开展副业的人来说，都应该高度重视市场调研工作，把它作为副业过程中不可或缺的重要环节。

2. 启动阶段

启动阶段是我们走出筹备和观望状态，开始实际运营的过渡环节。在这个阶段，创业者需要完成的事情较为繁复，但一旦做得好，大家就会明白这绝对值得。首先是开发，开发针对的是自己的产品或服务，通俗点说就是明确要"做什么"。然后便是营销推广，这时候创业者需要通过多种渠道传播产品信息，发掘出潜在客户，扩大受众面。随后便可以踏入市场，初步进行试运营了。

> 王书华是一个对手工艺充满热情的青年设计师，他在大学期间自学了制作皮具的技术，并且他的作品深受周围朋友的喜爱。毕业后，他决定开设一家手工皮具工作室，首先他制定了自己的产品线和定位：高品质手工皮具，主打精湛工艺和个性化定制服务。为此他购买了必要的工具和原材料，并租下了一个小工作室作为生产基地。
>
> 接着，王书华开始制作他的第一批样品。他在短视频平台上发布了他的作品，并邀请朋友和家人参观工作室，以此来进行市场测试，并收集他们的反馈和建议。

在这个启动阶段，王书华不仅将他的创意构想成功转化为触手可及的实物产品，更为其品牌建设与市场推广奠定了坚实的基础，为未来运营打下了坚实的基础。

3. 运营阶段

运营阶段是副业发展的核心阶段，也是副业的最佳成长期。此时的我们已经从理论环节走到了实践当中，因此在之前的构想中没有想到的问题，就会逐渐显露。

> 段秀是一个非常有写作天赋的人。从年幼时起，她的文章就频频登上报纸；上学时更是屡次在作文比赛中斩获头奖，是老家

远近闻名的才女。因此,当自媒体开始火爆时,段秀认为自己的副业机会来了。然而,满怀憧憬地投身自媒体领域后,段秀却遭遇了前所未有的挑战。尽管她勤勉不辍,持续更新内容,但一年下来,公众号的粉丝数量却迟迟未能突破500大关,这无疑给她浇了一盆冷水。

面对这份沉重的挫败感,段秀并未选择放弃,而是选择了自我调整与重新出发。这一次她找来了许多成功运营公众号的案例进行学习,打算试着走出自己的舒适区,也不再仅仅依靠个人兴趣选择话题,而是花时间多了解读者的需求,有针对性地进行内容策划。

在经历了一番转型后,段秀为她的公众号增设了一个情感专栏。她开始创作更贴近读者心理的内容,并加强了与粉丝的互动。功夫不负有心人,段秀的努力很快得到了回报。公众号的阅读量和粉丝数量开始稳步增长,段秀也恢复了写作的热情。仅仅半年的时间,她的粉丝从原来的500人增长到了数万人,账号成功地从一个默默无闻的小号蜕变为了一个有影响力的公众号。这段经历不仅让段秀在创业之路上更加成熟,也让她深刻体会到深入理解读者需求对发展自己的媒体品牌是至关重要的。

段秀的这个例子告诉我们:理想和现实的对比大多是残酷的。人们往往都能做到满怀热情地开启副业之旅,但大多数人做不到在成长期受挫之后,还能冷静地思考和变通,这恰恰就是很多人的副业总是半途而废抑或毫无起色的症结所在。

因此，了解并践行副业的全流程是至关重要的。这不仅能帮助我们更好地理解自己所处的阶段，还能帮助我们找到适合的前进路线和成功之道。

持续经营副业的路上，总是有这些"拦路虎"

都说万事开头难，但是实际上开展副业的路上，开端往往会相对轻松一些。因为大多数人的副业都对应着自己的技能或是兴趣，所以反馈来得比主业要快，有了情绪上的正面加持，自然动力更足。

正如上文段秀的例子一般，经营副业的难点，实际上在于两个字"持续"。只有在稳定中不断提升，才是成功的经营方式。然而随着时间的推移，可能出现的风险会越来越多，在通往成功的道路上往往会出现各种"拦路虎"，阻碍着我们前进的步伐。因此，了解到这些常见的困难点是什么，我们才能早做准备，以应对它们。

1. 时间管理难题

无论是工作还是生活，"时间就是金钱"的观念深入人心，因此有效的时间管理尤为重要，它几乎等同于经济管理。时间的分配问题是副业路上必须面对的，也是直接影响着副业成长速度的。大多数人的主业已经占据了大量的时间和精力，如何在保证主业不受影响的前提下，合理安排对副业的时间投入，成了一个不小的挑战。

> 小王是一名勤勉的IT工程师，他利用业余时间在某平台上建立了自己的线上书店。起初生意颇为不错，但是随着书店业务的逐渐扩大，小王发现自己越来越累了——他难以平衡主业和副业的时间投入。有时自己刚刚结束一天的工作，却发现还要处理书店的订单，还要自己充当客服回应顾客，占据了他不少休息时间。长时间的工作与副业的双重压力，让他身心俱疲，甚至影响到了主业的效率与生活质量。
>
> 小王觉得这样下去自己可能身体会被拖垮，又不忍心放弃刚刚起步的副业，于是开始制订更加合理的时间管理计划。制订计划后，他逐渐学会了利用碎片时间处理副业事务，比如午休时间回复客户，上下班回家坐公交车的时间来做书店的线上推广。同时，他减少了一些非必要的社交，将自己的娱乐时间减少了三分之一，半年时间下来，不仅书店生意蒸蒸日上，自己也因为减少了许多无用的娱乐和应酬，省下了一小笔钱。这便是时间管理的重要性。

2. 残酷的市场竞争

随着越来越多的人投入副业，副业领域的市场竞争也愈发激烈。而无论是线上还是线下生意，竞争无处不在。如何从眼花缭乱的市场中脱颖而出，也是很多人颇为苦恼的难题。

　　小李是一名公司白领，同时也是一个热爱烘焙的女孩，她的朋友和家人对她的手艺都十分肯定，于是她有了一个想法：用闲暇时间做线上烘焙坊。经过几个月的筹划和准备，小李成功地将自己的烘焙产品推向了市场。

　　信心满满的小李刚刚开业几天，就被泼了一桶冷水——因为她没有提前调研市场，开业之后她才发现烘焙市场上的线上卖家已然扎堆。她的产品虽然相比同行来说质量上乘，原料也十分考究，但好的原料也带来了成本问题。因此在成本及品牌知名度这两个方面，她的劣势是巨大的。

　　面对市场竞争的压力，小李苦苦思索了许久，她并不想打价格战，因为这与她自己的烘焙习惯是相悖的。于是她开辟了新的赛道，寻求差异化的发展策略。首先她花了些时间开发产品，让自己有了独具特色的烘焙品，此外还找了几位朋友帮忙在社交媒体上积极推广自己的店铺。同时，她强化了自己店铺个性化的定制服务，紧贴客户需求与时令变化，这一系列举措不仅赢得了良好的口碑，更使她的烘焙坊在业界脱颖而出，成为一颗璀璨的新星。

　　小李的故事告诉我们，对于市场竞争，求变是永远适用的思路，然而，很多人在遇到挫折时会乱了手脚，思考能力下降，因此容易走出坏棋。

3. 资金压力的步步紧逼

资金压力是副业发展中的另一个"拦路虎",正所谓"一分钱难倒英雄汉",在副业初期,往往需要投入大量的资金用于购买设备、原材料,如果是实体店铺还要考虑支付租金以及雇用店员,算下来会是一笔庞大的开销。并且由于副业收入的不稳定性,这些投入想在短时间内做到回本,是极其困难的。

因此,在副业的策划阶段,我们就必须精打细算,明确成本和预计收益,这样才不会过度投资。切记,无论何时,把自己手头的钱全部投入一笔生意都是昏着,要给自己留出缓冲空间,不要通过过度借贷的方式投资副业。

在副业发展过程当中,基本上人人都会遭遇以上几项"拦路虎"。我们要做的就是冷静、仔细地思考,提前制订发展计划和应对策略,只要提前做好准备,它们自然会变成"纸老虎"。

提升执行力的"灵丹妙药"

互联网行业间有这样一句话：速度第一，完美第二，如果只有想法而不能快速落实，就容易被他人抢占先机，所以执行力的重要性不言而喻。要想在副业中取得实质性的成果，保持强大的执行力至关重要。

执行力，简而言之，就是人们将计划和目标转化为实际行动的能力。在做副业的过程中，这种能力显得尤为重要，因为它直接关系到副业的成功与否。首先，保持执行力有助于确保副业的持续进行。在副业初期，人们往往充满热情，但随着时间的推移，可能会遇到各种挑战和困难，如时间管理问题、资源不足、技能瓶颈等。这时，如果缺乏执行力，很容易就会产生放弃的念头。

此外，执行力也是提升副业效益的关键。一个执行力强的人，在副业中会注重每一个环节的优化和改进，力求做到最好。这种精益求精的态度不仅可以提升副业的产品或服务质量，还可以赢得客户的信任和口碑,进而提升副业的效益。

但是要在残酷的市场竞争当中保持执行力尚且困难,我们又该如何去提升它呢?我们可以尝试使用这些关键的"灵丹妙药":

1. 明确目标与愿景

保持执行力的首要前提是明确自己的目标和愿景。一个清晰、具体的目标能够为我们提供方向,让我们在面临困难和挑战时依然能够坚定前行。

> 李欧是一名IT工程师,在业余时间对摄影产生了浓厚兴趣。他希望通过做摄影副业来提升自己的摄影技能,同时还能够将这份爱好转化为收入。为此,他给自己设定了一个明确的目标:在未来两年内,要通过副业为自己每个月带来不低于2000元的收入,并在摄影圈内积累一定的知名度。这个明确的目标使得李欧在面对技术难题、时间管理等问题时,始终能够保持高度的执行力。

2. 制订详细计划与时间表

制订详细的计划与时间表是保持执行力的关键。一个合理的计划能够帮助我们合理分配时间、资源,确保副业能够有序进行。这样,我们能够更有条理地推进副业项目,避免盲目行动和无效努力。

此外，时间表为我们提供了明确的时间节点和优先级，确保我们能够合理分配时间和精力，高效地完成任务。通过设定具体的开始和结束时间，我们可以更好地掌控工作进度，减少拖延和浪费时间的情况。这不仅有助于我们更好地管理时间资源，还能提高我们的工作效率，获得成就感。

因此，制订详细计划与时间表是副业成功的关键要素之一。它能够帮助我们保持专注和动力，确保副业项目有序进行，最终实现我们的目标和愿景，让副业走上高速发展的正确路线。

3. 克服拖延与懒惰

拖延和懒惰是建立副业过程中的两大拦路虎。为了克服这些问题，我们需要学会制定优先级、分解任务、设定时间限制等策略。

在副业中克服拖延和懒惰，关键在于采取一系列连贯的策略来保持高效执行力。首先，明确目标和奖励机制，将大目标拆分成小目标，并为每个小目标的达成设定具体的奖励，这样可以持续激发自己的动力；其次，制订详细的计划并设定时间限制，确保每个任务都有明确的时间节点，这将有助于我们保持专注并避免拖延。

> 王明的业余爱好是设计和制作手工珠宝，他决定利用空闲时间开设一个网店，销售他的手工珠宝作品。首先，王明设定了自己的长期目标：在接下来的一年内，要构建一个不仅拥有稳固的顾客基础，还要实现销售额稳步增长的网店平台。为了激励自己，他将这个大目标拆分成了每个季度的小目标：例如，每个季度增加新产品种类、提升网店的视觉吸引力、增加客户互动等。对于每个小目标的达成，他设置了具体的奖励，例如给自己买一个心仪已久的东西，或者周末去喜欢的地方旅游。
>
> 并且，王明为每个季度的小目标制订了详细的计划。例如，他确定了每个月新增产品的数量和种类，每周更新网店内容的频率，以及定期进行促销和营销活动的时间表。他还设定了每个任务的明确时间节点和截止日期，确保任务按计划完成，不会因为拖延而耽误目标达成。

除了这样的计划和机制外，营造有利于工作的环境也非常重要。减少外界干扰，确保工作环境整洁舒适，并准备好所需的工具和资源，这样我们就可以更快地进入工作状态。此外，激发自己对副业的热情和兴趣也是克服拖延和懒惰的关键。尝试从副业中找到乐趣，将副业视为一种享受，而不是负担。

最后，为了持续保持动力，寻求外部支持也很重要。我们可以与家人和朋友分享自己的副业计划和目标，或者加入一些与副业相关的社群或组织，与志同道合的人交流经验和心得。他们的鼓励和建议将帮助我们保持积极的心态，并增强执行力。

保持执行力是建立副业过程中至关重要的一环，各种挑战和机遇，都是提升自己的执行力和竞争力的好机会。同时，我们也需要保持耐心和毅力，相信自己的能力和潜力，不断追求自己的梦想和目标。

筛选适合自己的方法，保持行动

上一节我们了解了执行力的重要性，以及如何提升执行力的方法。但是我们现代人的生活压力和工作强度都很高，想要开展副业并保持这种行动力，是个不小的挑战，所以我们应更加注重筛选出合适的方法，减少做无用功，才能持之以恒、保持行动。

那么，我们应当怎样选择适合自己的行动方法呢？首先引入一个概念——SMART目标。SMART目标是一个广泛采用的目标设定和管理工具，旨在帮助个人和组织明确、具体地定义和跟踪目标。SMART目标由五个关键要素组成，每个要素的首字母共同构成了SMART这个缩略词。那么，SMART目标到底代表什么呢？其实就是要确保我们的目标符合以下原则：

1. S-Specific（具体）

SMART目标必须是具体明确的，不能含糊不清，因为目标具体才易于落实，也更能激发团队的精准努力与高效执行。例如，一个具体的目标可能是"在三个月内将销售额提高10%"，而不是笼统地设定"提高销售额"，这样的目标往往会让人找不准方向。

2. M-Measurable（可衡量）

目标应该是可以量化的，以便能够跟踪进度并衡量成果。容易衡量决定着决策清晰，这种可以量化的目标能为我们提供明确的数据和指标，有助于判断目标是否容易实现。比如，设定"通过社交媒体营销，每个月新增关注者数量达到500人"的目标，这样的量化标准不仅为实施策略提供了明确依据，也为后续调整优化提供了数据支持。

3. A-Attainable（可达成）

可达成的程度与变现难度正面相关，SMART目标应该是可以实现的，既不过于理想化也不过于简单。目标的设定需要考虑到现有资源和能力，以及可能的挑战和障碍。有时候，这个目标也被称为Achievable（可实现）或Realistic（实际的），意味着目标应该是实际可行的，而非不切实际的。

4. R-Relevant（相关性）

有相关性能够让副业更加贴近个人特长，提高工作效率，SMART目标应该与整体战略、业务或个人发展计划相关。目标需要与长期愿景和短期需求相一致，以确保资源的有效利用和目标的连贯性。需要注意的是，在一些定义中，R可能代表Result-based（基于结果的），强调目标的可观察性和结果导向性。但在此处，我们更侧重于"相关性"这一解释。

5. T-Time-bound（有时限）

有时限决定着目标有合理的完成周期，可以让自己有适当压力的同时，不过于繁忙。SMART目标应该具有明确的时间限制，以便能够设定具体的完成日期或期限。时限有助于保持专注，促进进度跟踪，并鼓励及时行动。同时，它也有助于我们更好地规划资源、分配任务，确保在预定时间内达成既定目标。

我们一起来看一下李华制定SMART目标的例子，以便大家能更深入地掌握这一方法：

> 李华是一名市场营销经理，同时也对健身有着浓厚的兴趣。于是他决定利用业余时间开展健身教练的副业，以帮助他人改善健康和体能。那么目标该如何制定呢？
>
> 具体（Specific）：李华的具体目标是在一年内建立自己的健身教练品牌，并争取每周至少拥有5名稳定客户。他希望通过个性化的健身计划和指导，有效地帮助客户实现健康目标。
>
> 可衡量（Measurable）：为了确保目标的可衡量性，李华设定了明确的衡量指标。他将追踪每月新增客户数量、客户的健身进

展情况以及他的收入增长。通过这些数据,他可以及时调整策略并评估自己是否达到了设定的目标。

可达成(Attainable):凭借自身的市场营销经验和深厚的健身知识,李华相信他有能力通过专业的服务和有效的营销策略吸引客户。他制订了详细的市场推广计划和客户互动策略,以确保目标的实现。

相关性(Relevant):李华的健身教练副业与他的兴趣和专业背景密切相关。通过帮助他人改善健康,他不仅能够增加额外的收入,还能够实现自己在健康领域的个人目标和愿望。

时间限定(Time-bound):李华设定了明确的时间框架来实现他的目标。他计划在开展副业的第一年内建立品牌并达到稳定客户数量的目标。为此,他将每月对进展情况进行评估,并在需要时灵活调整策略,以确保在设定的时间内顺利达成目标。

通过制定这样的SMART目标,李华能够在副业中有条不紊地前进,这个目标的制定也有助于确保资源的有效利用,提高目标实现的成功率,并促进持续改进和发展。沿着这一方法论继续讨论,我们就可以进一步总结出以下实用步骤:

1. 评估自身技能

当感到迷茫的时候,不妨列出自己的技能和兴趣,看看哪些技能与目前的副业领域相关。在涉足副业的时候,我们首先要做的就是明确自己的目标和定位,并且要了解自己的能力。这不仅仅是一个简单的预期,更是对自己能力、兴趣和市场需求的综合考量。

2. 制订详细的计划和时间表

有了明确的目标之后,接下来需要制订详细的计划和时间表。

每日计划:将一个较长周期的目标拆分为每天需要完成的任务,并且为这些任务逐个设定优先级,实际上这种方法类似近年来非常流行的"番茄工作法"。这样做的目的是确保每天都能按照计划去行动,减少因其他因素带来的情绪化影响,通过每天认真完成任务,便可以不断积累成果。

周计划和月计划:既然每日计划已经拆解完毕,接下来就要制订周计划和月计划了。与每日任务相比,周计划与月计划更加注重近期工作的整体节奏和方向,设定它们的意义也在于做一个总结和规划,以免把精力全部放在琐碎事务上而忽略了整体。

3. 保持积极的心态和情绪

在副业中保持行动力,这似乎与心理学无关,但真是这样吗?实际上,心态的稳定能够很大程度上提升工作效率,并且能够避免因为负面情绪带来决策失误。三国时期的袁绍不正是因为小儿病重、谋臣不和才心神不宁的吗?诸多负面情绪最终使得他的思考能力受阻,这为他后来的战败已然埋下了伏笔。

遇到困难时，我们需要学会从积极的角度去看待问题，同时谨记虽然不能过度信赖他人，但一定要相信自己。在这种心态之下，去不断寻找解决问题的方法和途径。

第七章

复盘与优化,提升副业成功率

做副业也要进行复盘？

我们在工作中可能经常听到"复盘"这个词，其实复盘是一个广泛应用于各个领域的概念。简而言之，就是在头脑中重新回顾和分析过去的思维和行为。很多人认为副业是个相对轻松愉快的项目，因此也不会像正式工作那样进行复盘和总结，但这并不是个正确的思路。作为一种有效的自我反思和总结方法，复盘过程在副业中同样具有不可忽视的重要性。

在做副业的过程中，定期进行复盘有多重要呢？

通过复盘，我们可以清晰地回顾自己在副业中的表现和成果，从而明确自己的目标和方向。我们会对需要加强哪里，以及需要改正哪里有着更为深刻的认识。这有助于我们更加有针对性地制订未来的副业计划，提高效率和工作成果。

同时，在做副业的过程中，我们也难免会遇到各种问题和挑战。有时候为了不耽误进度，我们可能会忽略一些问题。但是善用复盘行为的人会展现出截然不同的态度，他们非但不轻易放过任何瑕疵与不足，反而视之为成长的契机，乐此不疲地深入剖析，积极探寻破解之道。这种近乎偏执的坚持，在副业经营的舞台上，实则是如同金子般珍贵的好习惯。复盘不仅可以帮助我们识别问题，还可以促使我们深入思考问题的根源和本质，从而找到更加有效的解决方法。

最后，复盘还能够提高自我认知能力。通过复盘，我们可以更加客观地认识自己在副业中的表现和能力水平——其实很多事情都是一样，在第一次和第二次解读时会有截然不同的看法出现，这就是认知能力提升的一种外在表现。这样做有助于我们了解自己的优点和不足，并找到提升自己的途径和方法。同时，复盘还可以帮助我们提高自我管理能力、决策能力和创新能力等关键能力，避免在长久的工作当中迷失自我、忘记了创业时期的初心，为副业发展方向提供有效的保障。

林雨菲从小就对服装设计很感兴趣，然而，毕业后她并未能立即投身于这一梦想的职业领域。历经数载职场磨砺，她不仅积累了宝贵的经验，也积蓄了足够的勇气与资源，决定将心中的热爱转化为副业——创立一家个人品牌网店，亲手设计并销售独具特色的服饰。在经营网店的过程中，她遇到了许多问题和挑战，于是她决定找几位有相关经验的朋友，一起来进行运营方面的复盘。

首先，她回顾了自己在网店经营过程中设立的目标。她的最初想法是打造一家具有独特风格的线上服装店，从视觉上把顾客吸引过来，但在实际操作中，由于她把太多的资源都放在了追求款式和数量上，忽视了自己在品牌建设和客制化过程中的细节。

在调整了客户服务的问题之后，她决定在产品策划方面继续改进，从最开始仅仅使用夸张吸睛的服装造型吸引顾客，逐渐转变成了业务全面、服务周到同时又保留了自己风格的网店。在几个月的转型之后，她的网店逐渐走上了正轨，品牌形象越来越独特。利用这段时间，她还优化了自己的供应链，让物流质量和服务质量得到了双重提升，这就是复盘行为的魔力。

苏格拉底说："未经审视的人生是不值得过的。"复盘的重要性，古今中外，不言而喻。通过复盘，我们不仅可以明确目标和方向，还能及时发现问题并纠错，总结经验与教训，进而提高自我认知和能力。这些都将有助于我们在副业中不断成长和进步。因此，在副业中进行复盘是非常必要的，我们应该养成定期复盘的习惯，以便为未来的副业发展奠定坚实的基础。

何时复盘最有效

在副业运营的道路上，每个人都是在不停地探索、尝试之中前行的。然而这一过程注定不是风平浪静，我们不可避免地会遇到各种问题和挑战。为了更好地应对这些问题，优化我们的运营策略，复盘就成为我们最为高效的工具。在上一节中我们了解了复盘的重要性，但是毕竟时间有限，我们不可能做到时时刻刻复盘。

那么复盘应该在什么时候进行才最合适呢？对于不同时期的复盘，又要注意哪些要点呢？

1. 副业运营初期：初步尝试与摸索

在副业运营初期，我们往往处于摸索和尝试的阶段。这个阶段的主要任务是了解市场需求、寻找合适的运营方向、建立初步的运营策略等。在这个阶段进行复盘，可以帮助我们及时发现和纠正运营中的错误和不足，为后续的运营打下坚实的基础。

具体来说，副业运营初期适合进行小规模且频率较高的复盘。曲郭晓的副业是在网络平台上销售土特产，他有着一个好习惯，就是在创业初期，从第一单生意开始就不断地增加变量，随后复盘其带来的影响，同时在复盘环节观察竞争对手的运营情况，借鉴他们的成功经验，避免他们的失败教训，这也是他副业做得风生水起的原因。

2. 副业运营成长期：快速发展与调整

在副业运营的成长期，我们的业务开始进入快速发展的阶段。这个阶段的主要任务是扩大市场份额、提升品牌影响力、优化运营流程等。在这个阶段进行复盘，可以帮助我们及时发现和解决运营中的瓶颈问题，确保业务的持续健康发展。

在此期间，我们可以采用定期复盘的方式。比如，每周或每月对业务进行一次全面的回顾和总结，分析各项运营指标的变化趋势，找出问题所在，并制定相应的解决方案。此外，我们还可以邀请团队成员共同参与复盘，集思广益，共同解决问题。通过定期复盘，我们可以不断优化运营策略，提高运营效率，实现业务的快速增长。

吴玲在业余时间经营着一家小型旅游体验工作室。起初，她的工作室主要提供本地的文化旅游活动。随着口碑的传播和客户需求的增加，吴玲开始扩展服务范围，引入更多定制化的旅游套餐，并通过建立网站和合作伙伴关系来增加销售渠道。每月，吴玲会与团队成员一起进行业务复盘，分析每个旅游项目的盈利情况和客户反馈，调整线路设计和服务质量，以确保工作室的快速发展和客户满意度。

3. 稳定期：持续优化与创新

经过成长期，我们的副业已经初具规模，有一定的成绩和市场份额了。这个阶段的主要任务是保持业务的稳定发展，同时寻找新的增长点和创新点。在这个节点及时复盘，可以帮助我们识别潜在的风险和机会，实现科学、高效地转型。

在这一时期，我们的复盘方式可以更加看重全局一些。比如，对整个运营过程进行全面的梳理和分析，找出制约业务发展的关键因素和瓶颈问题，同时多看看同行，从他们的业务上寻找新的机会和创新点，为未来的转型和发展打下坚实的基础。

叶华的副业是经营一家线上健身教练平台。他已经建立了一支稳定的客户群体，并且教练团队的规模也逐渐扩大。在这个阶段，叶华通过定期的业务复盘来审视整体运营效率和服务质量。他不仅关注现有客户的满意度和留存率，还积极探索新的在线课程设计和技术创新，以应对市场上其他竞争者的挑战，并在行业中保持领先地位。

4. 转型期：突破瓶颈与寻找新方向

一个项目做得久了，难免会丧失生机，这时候我们就该考虑给自己一次转型的机会了。在副业运营的转型期，我们面临着业务瓶颈和市场变化的挑战。这个阶段的主要任务是寻找新的运营方向、调整业务模式、优化资源配置等。在这个阶段进行复盘，可以帮助我们识别转型中的问题和困难，为转型的成功提供有力支持。

在副业运营转型期，我们需要采用更为灵活和开放的复盘方式。比如，组织团队成员进行头脑风暴和讨论，共同探讨新的运营方向和业务模式。同时，我们还可以寻求外部专家和顾问的帮助和支持，借助他们的专业知识和经验来指导我们的转型工作，从而更好地应对转型中的问题和挑战，实现业务的成功转型。

> 刘小刚是个在校大学生，他跟几个同学一起经营着一家校园美食外卖平台。随着市场需求和竞争环境的变化，他意识到需要改变原有的经营模式。刘小刚与团队成员进行了多次讨论，探讨新的市场定位和服务扩展方向。通过市场调研和深入分析，他决定引入周边地区的特色餐饮商家，力求为用户提供更加多样化、高品质的美食体验。这一举措不仅满足了学生们日益增长的口味需求，也进一步增强了平台的吸引力与竞争力。

为了更好地进行复盘工作，我们还需要注意以下几点：

首先建立明确的复盘目标和计划，以确保复盘工作的针对性和有效性。我们并非为了复盘而复盘，而是要拿出成果来，副业经营并非儿戏，每一分投入都承载着我们的心血与期望，因此，复盘工作务必求真务实，力求实效，杜绝任何敷衍了事的态度。

在此过程中，激发团队成员的主动性与创造性，鼓励他们积极参与复盘讨论，汇聚众人的智慧与洞见，是不可或缺的一环。集思广益，才能碰撞出更多创新的火花，为副业运营带来全新的视角与解决方案。

总之，在副业运营中，我们需要根据不同阶段的特点和需求来选择合适的复盘方式。通过不断地复盘和总结，我们可以不断优化运营策略和提高运营效率，让自己辛苦建立起的副业长期稳定发展。

高效复盘工具与技巧

在经营副业的过程中,灵活使用工具进行快速复盘具有极其重要的意义。现代化的软件和工具,能够让我们高效地复盘,让我们在瞬息万变的市场中迅速捕捉机遇,调整策略,从而稳固并增强自身竞争力。通过自动化收集、整理与分析数据,我们不仅节省了宝贵时间,还能在更多领域深耕细作,实现全方位提升。

灵活使用工具能够大大地提高复盘的效率和质量。现代的计算机和软件发展程度都已经很高了,通过使用它们,在收集数据、整理信息、分析数据及报告方面都很便利。

以下是一些常用的复盘工具及其特点:

(1)Excel表格:这是大家最熟悉、门槛最低但上限很高的一个工具,非常适合整理和分析数据,可以进行简单的数据处理和图表生成。

(2)数据分析软件:如SPSS(社会科学统计软件包)、SAS(统计分析系统)等,它们能够进行复杂的数据分析和挖掘,适用于需要大量数据处理的场景。其中SPSS的界面设计对新手十分友好，大部分统计分析过程可以通过菜单命令的选择、对话框参数设置和点击功能按钮来完成，也没有繁复的操作命令，所以大大降低了使用门槛，是非常万用的一款统计软件。

（3）思维导图软件：如XMind（商业思维导图软件）、MindNode（思维导图）等，可以帮助我们整理思路、梳理信息，形成清晰的思维导图，千万不要以为只有写论文才用得上思维导图，相对于纯文字，它的表述力度是有着很大优势的，有着化繁为简的魔力。

（4）项目管理软件：如Trello（团队协作工具）、Notion（项目管理工具）等，能够帮助我们进行项目管理和任务分配，确保副业运营的有序进行。

在使用这些工具时，我们要注意结合实际情况灵活选择，避免盲目追求高级功能而忽略实际需求。

在每次复盘时，我们应当重点关注以下几个方面：

首先是营销效果。分析营销策略的执行情况和效果，能够让我们明白上一个阶段成功与失败的原因；其次是运营流程，复盘的时候很容易就能够检查出运营流程是否顺畅，这对于刚刚起手的副业来说，还是相当重要的；此外，还需要关注市场竞争方面，也就是关注竞争对手的动态和市场环境的变化，并随之调整自身战略。

在复盘过程中，我们要敢于面对问题、勇于改进。通过不断地反思和总结、我们才能不断完善自己的副业运营模式，提高市场竞争力和盈利能力。

老李是一家线上食材店的创始人，他在经营过程中发现，虽然自己一直在严抓产品质量，使得产品口感和外观都非常出众，但销售额却始终难以上涨，再这样下去，很可能就要用产品给员工抵工资了。一次老李跟一名老顾客交流时，深刻体会到了复盘对于经营优化的重要性，于是决定亲自实践。

在复盘过程中，老李首先使用Excel表格整理了店铺的销售数据、用户反馈等诸多信息。然后，采用数据分析软件进行挖掘和分析，这样一来，在不同时间段、不同产品类型的销售数据以及用户反馈意见之间的关联变得一目了然，老李也很快总结出了自己的不足：

1.营销策略单一：店铺主要依靠线上推广和口碑传播来吸引客户，这是较为保守、人人都会的运营手法，因此需要拿出更为多元化的营销手段；

2.产品定位不明确：店铺的产品线较为庞大且缺乏特色产品，难以吸引忠实客户；

3.客户服务不到位：在售后服务和客户咨询方面存在一些问题，导致客户满意度不高。

在认识到问题后，老李带着他的线上食材店就开始了进化之路，针对营销策略、产品定位及客户服务等方面进行了全面升级与优化。随着问题越来越清晰，相应的改动和提升也做到了即时跟进，仅仅用了不到两个月，销售额就提升了一大截，顾客的好评如潮，让老李的心中充满了喜悦与自豪。

从老李的故事中，不难看出，无论自己是否有软件基础，都应当勇于尝试运用先进的分析软件来进行复盘与评估。在副业的经营征途中，难免会遭遇发展瓶颈或迷茫时刻，此时，选择正确的工具进行系统性的复盘便显得尤为重要。

复盘，作为一种高效的问题诊断与策略优化手段，能够帮助我们全面审视过去，精准定位当前问题，并为未来的行动提供有力指导。而先进的分析软件，则如同一双透视眼，能够深入挖掘数据背后的价值，让隐藏的问题无所遁形。

总结与优化，提升副业效率

从小老师和父母就教导我们，做事情一定要及时总结。没错，这个道理适用于人生，也是副业经营中不可或缺的一环。通过总结，我们可以清晰地看到自己的成就和不足，洞悉市场的变化和趋势，从而及时调整策略，提高副业效益。

养成总结的习惯，有不少良性作用。首先，它能够帮助我们评估副业效果，通过定期总结，可以让我们了解副业在一个周期内的成果和收益，从而判断该副业是否值得继续投入时间和精力。如果一条路已经摆明了走不通，那么还为何要去撞南墙呢？早些转型或者及时止损，这才是聪明人该有的做法，切勿等到亏损开始扩大，才想起补救。

此外，总结还能发现问题与不足，如果产品质量不高、营销策略不当的话，副业方面的竞争力就会显著下降，我们需要早些找出症结所在，然后发力解决问题。

在总结了副业经验之后，我们也不能光说不做，需要尽快寻找并实施有效的改进策略。以下是一些常见的改进策略及其案例分析：

1. 技能提升策略

技能是副业发展的核心。如果我们在某个领域技能不足，就需要通过学习和实践来提升自己。

> 小美的工作是一家互联网公司的运营，在公司的美工同事忙不过来时，她也会帮忙承接部分的设计工作，因此也在业余时间展开了设计师的兼职。但是时间久了，小美发现自己在设计方面的技能还是不够出色，有时会导致客户在试稿后就流失掉了。
>
> 为了改进这一问题，小美报名参加了设计培训课程，并积极参与设计实践。经过一段时间的努力，她的设计水平得到了显著提升，客户也纷纷表示满意，小美接到的约稿数量也比之前翻了好几倍。

2. 时间管理策略

时间管理对于副业发展极其重要，甚至还关系到我们的个人生活质量。如果我们无法合理安排时间，就可能导致主业和副业相互干扰，影响副业效益。

> 王品是一位兼职作家，平时会在一些网文网站上发表自己的小说。最近他发现自己在写作时，总是被家里的琐事和工作的压力打断，导致写作进度非常缓慢。但他又不想因为埋头写作而忽略了家人，对此他非常苦恼。
>
> 后来为了解决这个问题，王品重新规划了自己的时间管理计划，将每天的时间划分为不同的区块，分别用于写作、休息和娱乐等活动。经过一段时间的实践，他不仅在写作效率上得到了改善，而且与家人的关系也更加和谐。这才是成功的副业运行法则，而不是让生活和副业两败俱伤。

3. 营销策略

营销策略对于副业的推广和拓展至关重要。如果我们没有有效的营销策略，就可能导致产品无人问津。如果作为线上销售者发现自己的产品销量不佳，那么营销方式大概率是出了问题，此时就应该运用一些营销技巧，如社交媒体推广、优惠券发放、口碑营销等，想必不久之后，产品销量就能够有所改观。

副业发展是一个长期而复杂的过程，需要我们不断总结经验和寻找改进策略。通过明确目标、收集信息资料、分析经验教训和制订改进计划等步骤，我们可以有效总结副业经验；通过技能提升、时间管理和营销策略的实施，我们可以保持优化副业发展策略和方向。做好总结，我们方能在副业发展的道路上走得平稳、顺畅，实现个人价值。

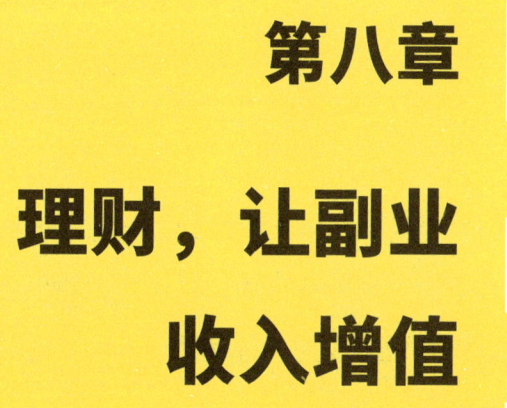

第八章

理财，让副业收入增值

理财，其实也算一种副业

在现代社会，人们的生活节奏越来越快，工作压力也越来越大。如何在紧张的工作之余实现财务自由，过上舒适的生活，成为许多人追求的目标。而理财，作为一种提高个人和家庭财务状况的重要手段，越来越受到人们的关注。

什么是理财呢？简单来说，理财就是通过合理规划和管理个人或家庭的财务状况，实现资产的保值增值。理财的目标不仅仅是追求高收益，更重要的是实现财务安全和财务自由。通过理财，我们可以更好地应对生活中的各种风险，确保自己和家人的生活质量。

那么，理财与副业有什么关系呢？事实上，理财本身就是一种副业。副业是指在工作之余，通过其他途径获取收入的方式。而理财正是通过管理自己的财务状况，实现资产的保值增值，从而获取额外的收入。

相比于其他副业，理财具有以下几个特点：一是风险相对较低。相比于创业、投资等副业，理财的风险要小得多；二是收益相对稳定。通过理财，我们可以实现资产的保值增值，获取稳定的收益；三是时间相对灵活。理财不需要我们投入大量的时间和精力，可以随时随地地进行。

小张是一名普通的上班族，通过在业余时间进行理财活动，他成功地实现了财富增长。

早在几年前，小张就对理财产生了兴趣，他花费了大量时间学习理财知识，包括投资基本原理、风险管理和市场分析等方面。他通过阅读相关书籍、参加理财讲座和在线课程，逐步建立了对不同投资工具的理解和判断能力。

在深入学习后，小张根据自己的风险承受能力和财务目标，制订了详细的投资计划。他选择了多样化的投资组合，包括低风险的定期存款和债券，以及中高风险的股票和基金。通过分散投资，他降低了整体投资组合的风险，并在市场中寻找收益的机会。每个月，小张都会抽出一部分资金用于投资，并定期进行资产配置和调整。他通过定期复盘投资组合的表现，分析各项投资的收益率和风险水平，及时调整投资策略，以应对市场的变化和个人的财务需求。

随着时间的推移，小张的投资组合持续增值，他的财务状况也得到了显著改善。他不断积累的理财经验以及稳健的投资策略，使他能够在业余时间有效地管理资产，实现财富的增长和长期稳定的收益。

通过小张的例子我们不难看出，理财能够让我们实现财富增长。既然理财是一种副业，那么应该如何开展呢？我们先来了解一下理财的形式有哪些。

理财的形式多种多样，主要包括以下几种：

（1）存款储蓄：存款储蓄是最基础的理财方式，通过将闲置资金存入银行，获取固定的利息收入。存款储蓄具有安全性高、收益稳定等特点，适合风险承受能力较低的投资者；

（2）购买理财产品：理财产品是银行、证券、基金等金融机构推出的一种投资工具，包括货币基金、债券基金、股票基金、混合基金等。购买理财产品有助于资产的增值，适合具有一定风险承受能力的投资者；

（3）购买保险：保险是一种风险管理工具，通过购买保险，我们能够将风险转移给保险公司，降低自己的风险损失。保险包括人身保险和财产保险两大类，可以根据自己的需求选择合适的保险产品；

（4）购买黄金：黄金作为一种贵金属，具有价值稳定、抗通胀等特点。购买黄金有助于资产的保值增值，适合长期投资；

（5）股票投资：股票投资是一种高风险、高收益的投资方式。通过购买股票，我们可以分享上市公司的盈利，获取股价上涨带来的收益。但是对于理财新手而言，股票投资具有较高的波动性，一定要格外谨慎；

（6）债券投资：债券投资是一种相对稳健的投资方式。通过购买债券，我们可以获取固定的利息收入，同时还可以通过债券交易获取价差收益；

（7）外汇投资：外汇投资是一种高风险、高收益且流动性较大的投资方式。通过外汇交易，我们可以获取汇率波动带来的收益。

总之，理财的形式多种多样，我们可以根据个人的风险承受能力和需求，选择最适合自己的理财方式。同时，我们还需要持续不断地学习理财知识，提高自己的理财能力，才能游刃有余地应对未来的挑战。

我是理财"小白"？
试试财富流游戏

上文提到，其实理财就是一种很具吸引力的副业。然而，对于许多零基础理财经验的人来说，它往往被误解为一个高深莫测、需要深厚的金融理财知识的领域，从而令人心生畏惧。那么，有没有一种轻松愉快的方式，让理财新手也能迅速掌握理财技巧呢？答案是肯定的，那就是财富流游戏。

什么是财富流游戏？财富流游戏是一款模拟现实理财的桌面游戏，通过游戏的方式，让玩家在轻松愉快的氛围中学习理财知识，提高理财能力。游戏以现金流的形式进行，玩家需要在游戏中进行投资、理财、消费等决策，以实现财富的增值。很多人童年接触过的《大富翁》，就是一款饶有趣味的财富流游戏。

游戏的规则相对简单，玩家在游戏中扮演的是一位投资者，通过掷骰子来决定自己的行动步数。每个玩家都有一个财务报表，包括收入、支出、资产和负债。玩家需要通过各种方式增加自己的收入，降低支出，优化资产负债结构，最终实现财富的积累。对于理财新手来说，财富流游戏是一个很容易上手理解的学习工具。

小李是一个年轻的公司职员，他对财务管理和投资理财非常感兴趣。一次偶然的机会，他接触到了财富流游戏，这一创新的工具瞬间激发了他的好奇心与探索欲，促使他毫不犹豫地购入一套，并且深入钻研其规则与玩法。

不久后，小李约了几个朋友一起来家里玩财富流游戏。在游戏过程中，小李需要做出各种财务决策，例如购买房地产、投资股票、创业等。他发现，游戏中与现实生活中一样，需要平衡收入与支出，合理管理现金流，做出明智的投资决策。在第一次游戏中，小李因为缺乏经验，做出了一些错误的投资决策，导致现金流紧张，但他从中学到了宝贵的经验。他认识到，投资不仅需要勇气，更需要知识和策略。

小李没有气馁，反而更加坚定地学习财务知识。经过多次游戏和不断学习，小李逐渐掌握了游戏中的投资技巧和财务策略。在一次游戏中，他成功地通过投资房地产和股市，实现了稳定的正现金流，并最终通过实现财务自由，赢得了游戏。

财富流游戏的实践经历让小李不仅提升了自己的财务管理能力，还将游戏中的知识和策略应用到现实生活中。他开始实际投资股票和房地产，对每一个潜在机会都进行详尽的分析与评估，逐步构建起自己的被动收入体系，向着更加富足与自由的人生迈进。

财富流游戏不仅让小李在娱乐中学到了宝贵的财务知识，还激发了他对理财的兴趣，增加了他的理财信心。他意识到，实现财务自由并非遥不可及，只要有正确的知识、合理的规划和坚定的执行力，任何人都可以在现实生活中成功理财，改善自己的财务状况，最终实现财富的增长。

玩财富流游戏为什么对现实中的理财有这么大的影响呢？这是因为，在游戏中，玩家需要不断地做出决策，以实现自己的理财目标。这种过程会让玩家更加关注自己的财务状况，从而增强自己的理财意识；其次，游戏可以帮助玩家学习理财知识。在游戏中，玩家会遇到各种理财问题，比如如何增加收入、如何降低支出、如何进行投资等。

通过解决这些问题，玩家可以学习到更多的理财知识，为现实生活中的理财提供参考。此外，游戏还可以锻炼玩家的理财能力。在游戏中，玩家需要根据自己的财务状况做出决策，这种过程可以很好地锻炼玩家的理财能力。通过不断地练习和实践，玩家可以逐渐掌握理财技巧，为现实生活中的理财做好准备。

总的来说，财富流游戏是一款非常适合理财新手的游戏。它能让玩家在轻松愉快的氛围中学习理财知识，提高理财能力。通过游戏，玩家可以学习到更多的理财知识，锻炼自己的理财能力，为现实生活中的理财提供实践经验。所以，如果你是一个理财"小白"，那么不妨试试财富流游戏，相信它会成为你理财路上的良师益友。

心中有数，理财从记账做起

在我们的日常生活中，金钱的管理和运用是每个人都无法避免的问题。除了可以先从财富流游戏入手初步了解理财外，在实际生活中我们还可以做什么样的准备呢？

对于理财的第一步，我们可以先从日常记账开始。对自己的日常开销收支做到心中有数，才能在日后对其进行合理的划分，这是我们每个人都能实践的理财之道。

首先，让我们来看看日常记账的好处。记账可以帮助我们清晰地了解自己的收支状况。通过对每一笔收入和支出的记录，我们可以清楚地知道自己的钱去了哪里，哪些支出是必要的，哪些是可以节省的。这样，我们就能更好地控制自己的消费，避免浪费。此外，记账还能帮助我们确定预算。通过对过去的支出进行分析，我们可以预测未来的支出，并据此制订合理的预算计划。有了预算，我们就能更加合理地安排自己的财务，避免超支。

那么记账对于理财又有什么重要意义呢？其实，理财是一个综合的过程，涉及资金的管理、增值和风险控制。在这个过程中，记账作为理财的基础和起点，具有不可忽视的重要性：

（1）明确收入和支出：通过记账，个人或家庭可以清晰地了解每月或每年的收入和支出情况。这有助于明确资金的来源和流向，为后续制订理财计划提供数据支持。

（2）发现不必要的支出：记账可以揭示出那些可能并不必要或者可以节省的支出。例如，频繁购买零食、饮料或不必要的衣物。通过减少这些支出，可以节省资金，为其他理财目标提供更多资金支持。

（3）制定预算：基于记账的数据，可以制订更加合理的预算计划。预算不仅可以帮助控制支出，还可以确保资金的合理分配，以满足不同的理财需求。

（4）优化储蓄和投资：通过记账和预算，可以明确每月或每年可以节省的资金量。这些资金可以用于储蓄或投资，从而实现资金的增值。

（5）培养理财习惯：记账是一个长期的过程，需要坚持和耐心。通过持续的记账，可以逐渐培养起良好的理财习惯，如理性消费、定期储蓄、分散投资等。这些习惯对于实现长期的财务目标至关重要。

（6）规划未来：通过记账，可以预测未来的收入和支出情况，从而提前规划未来的理财目标。例如，为购房、子女教育、退休等长期目标制订储蓄计划。

（7）风险控制：记账有助于识别潜在的财务风险，如过度借贷、投资亏损等。通过及时调整财务策略，可以降低这些风险对财务状况的影响。

王小马是一名年轻的白领，刚刚步入职场的他每月工资收入稳定，却总是一到月末就手头拮据，不知道钱花到了哪里。为了更好地管理自己的财务状况，他决定开始记账，通过系统化的财务管理实现理财目标。

王小马从网上下载了一款记账App，开始认真记录每一笔支出和收入。起初，他只是简单地把开销分为饮食、交通、娱乐、房租、水电等项目。通过每天坚持记账，他慢慢积累了一个月的消费数据。一个月后，王小马对自己的消费情况进行了初步分析，发现自己在餐饮和娱乐方面的支出占比过高，远超出自己的预期。而每次去超市购物、外出聚餐和购买零食的花费特别高，这让他意识到这些是可以控制和调整的。

根据一个月的消费记录和分析，王小马开始制定每月的预算。他为每个分类设定了合理的支出上限，例如饮食费用控制在收入的20%、娱乐费用控制在收入的10%等。同时，他还设立了一个储蓄目标，希望每个月至少能存下收入的20%。

在接下来的几个月里，王小马严格按照预算进行消费。他开始自带午餐、减少外出聚餐和冲动购物，更多地利用公共交通出行。每个月月底，他会对比实际支出和预算，进行复盘和调整。

随着记账和预算管理的持续进行，王小马的财务状况逐渐改善，他开始有了积蓄。他意识到有必要建立一个应急基金，以应对突发的经济需求。他将每月结余的一部分钱存入一个专门的储蓄账户，作为应急基金。有了一定的积蓄后，王小马开始学习投资理财的知识。他参加了几次投资理财课程，并咨询了理财顾问。在充分了解和评估风险后，他决定将部分资金投资于低风险的基金和定期存款，逐步增加自己的被动收入。

现在，王小马的财务状况有了显著改善。他不仅每个月都有了固定的储蓄，还积累了一定的投资收益。

王小马的记账理财之路告诉我们，财务管理并不复杂，只需要从日常生活中的每一笔收支记录开始，通过系统化的管理和合理地规划，就能逐步改善自己的财务状况。记账不仅让王小马清楚地了解自己的消费习惯，还帮助他养成了理性的消费观念，实现了财务上的稳定。通过记账，王小马不仅厘清了自己的财务状况，还为自己的未来打下了坚实的基础。

那我们该用什么来记账呢？接下来就推荐几款市面上比较优秀的记账App：

1.随手记：功能全面，支持多种记账方式。用户可以根据需求选择不同的记账模板。数据同步和备份功能强大，保证用户的财务数据的安全可靠。

2.挖财记账：简单易用，支持多种记账方式。提供丰富的图表和报表，帮助用户一目了然地了解自己的财务状况。

3.Timi记账：界面美观、操作简便，其特色在于其强大的数据分析和报表功能，通过图表的方式展示用户的财务状况，帮助用户更好地理解和掌握自己的财务情况。

做到心中有数，理财从记账做起。通过日常记账，我们可以清晰地了解自己的收支状况，制订合理的预算计划，培养良好的消费习惯，提高财务规划能力，培养自律和责任感。选择一款适合自己的记账App，坚持记账，相信每个人都能养成好习惯，为自己之后的理财过程打好基础。

家庭财富管理金字塔，筑造稳固财务未来

在现代社会，财务管理已经成为每个家庭不可或缺的一部分。如何合理规划和管理家庭财富，实现资产保值增值，是每个人都关心的问题。家庭财富管理金字塔是一种科学的理财理念，它将家庭财富分为不同层次，帮助我们构建稳健的财务体系。那么，什么是家庭财富管理金字塔呢？

家庭财富管理金字塔分为四个层次：基石层、保障层、投资层和顶端层。

1. 基石层：储蓄和现金流管理

基石层是家庭财富管理金字塔的基础，包括储蓄和现金流管理。储蓄是家庭财富积累的起点，没有储蓄就谈不上理财。现金流管理则是指合理安排家庭收支，确保家庭财务稳健。要做到这一点，首先要制定预算，明确每月收入和支出，尽量减少不必要的开支；其次，要建立紧急备用金，以应对突发事件；最后，要

注重储蓄，每月将一定比例的收入用于储蓄。

2. 保障层：保险规划

保障层是家庭财富管理金字塔的第二层，主要包括保险规划。保险的作用在于防范风险，为家庭提供安全保障。家庭应该根据实际情况，配置合适的保险产品，如寿险、健康险、意外险等。保险规划要遵循风险优先原则，先保障家庭主要收入来源者，再考虑其他成员。此外，保险规划还要遵循全面保障原则，确保家庭在各种风险面前有所应对。

3. 投资层：资产配置和投资

投资层指的是在保障基本生活和应急资金的基础上，通过合理的资产配置和投资策略，实现财富的保值增值。具体来说，这一层的管理涉及将家庭的可投资资产进行科学合理的分配，以实现不同风险水平和收益目标的平衡，进而实现家庭整体财富的长期稳定增长。

投资是实现家庭财富增值的关键，但同时也存在风险。因此，在进行投资时，我们要遵循分散投资原则，降低单一投资产品的风险。同时，要关注投资产品的流动性和收益性，确保家庭财务的稳健和持续增长。

4. 顶端层：财富传承和慈善事业

顶端层是家庭财富管理金字塔的最高层，主要包括财富传承和慈善事业。财富传承是指通过合法手段,将家庭财富顺利传递给下一代。为实现财富传承,家庭可以采取遗嘱、家族信托、保险等方式。此外,有条件的家庭还可以关注慈善事业,通过捐赠、设立基金会等方式,回馈社会,提升家庭社会地位。

家庭财富管理金字塔为我们提供了一种科学的理财思路。为构建稳健的家庭财务体系,我们需要从基石层开始,逐步完善保障层、投资层和顶端层,可以参考下面的例子:

张华民是一名35岁的公司职员,月收入1.5万元人民币,他和妻子育有一个5岁的孩子,妻子在家全职照顾家庭。家庭月支出1.2万元。张华民希望通过合理的财富管理来保障家庭生活、应对风险,并实现长期的财富增值。

根据家庭财富管理金字塔,张华民的财富管理层级如下:

(1)基石层:在家庭财富管理金字塔的基石层,张华民确保家庭收入和支出平衡,并管理好现金流。他通过每月详细记录家庭收入和支出,制定并严格执行家庭预算,确保每月有固定的储蓄。他建立了相当于6个月家庭支出的应急基金,共计7.2万元。这笔钱存放在活期储蓄账户和货币市场基金中,以确保高流动性和随时可用。

(2)保障层:在保障现金流的基础上,张华民进行了全面的风险管理,以保障家庭在意外情况下的财务安全。首先,他购买了定期寿险,保额为200万元,以保障在不幸离世时家人能有足够的生活费用。此外,他也购买了额外的商业医疗保险,包括住院和重大疾病保险，保障医疗费用。

（3）投资层：在现金流管理和风险管理的基础上，张华民进行了资产配置和投资，以实现财富增值。分为以下几个类别：

现金及现金等价物：包括7.2万元应急基金和2.8万元的短期储蓄，共计10万元，占家庭总资产的10%。

固定收益类资产：购买了国债和定期存款，共计20万元，占家庭总资产的20%，确保稳定的固定收益。

股票类资产：将40万元投资于股票型基金和指数基金，占家庭总资产的40%，通过定投方式分散风险，追求长期增值。

房地产：拥有一套自住房，价值30万元，占家庭总资产的30%。未来计划购买一套用于出租的房产，增加收入来源。

在投资策略方面，张华民将资产分散到不同类别，降低投资组合的整体风险。并且，他每半年检查一次投资组合，确保资产配置仍符合家庭的风险承受能力和收益目标。

（4）顶端层：在财富管理的顶端层，张华民考虑长期的财富传承。他制订了详细的遗产计划，包括遗嘱和信托安排，确保资产在未来能够顺利传承给子女。

通过严格执行家庭财富管理金字塔的各个层级，张华民的家庭财务状况得到了显著改善，不仅实现了现金流的平衡和风险管理，还通过合理的资产配置和投资策略，实现了财富的保值增值，为家庭的未来打下了坚实的基础。

因此，家庭财富管理金字塔为我们提供了一种全面、系统的理财观念。遵循这一理念，我们可以更好地规划和管理家庭财富。在实际操作中，我们要注重理财规划的个性化和动态调整，不断提高自身专业素养，将理财规划付诸实践，让家庭财富管理金字塔发挥最大的效用。